Le corps du Roi-Soleil

GRANDEUR ET MISÈRES DE SA MAJESTÉ LOUIS XIV

MICHELLE CAROLY

Le corps du Roi-Soleil

GRANDEUR ET MISÈRES
DE SA MAJESTÉ LOUIS XIV

IMAGO
ÉDITIONS DE PARIS

ISBN 2-902702-66-3

INTRODUCTION

LE CORPS CACHÉ DU ROI-SOLEIL

> « Au milieu de tous les autres hommes, sa taille, son port, ses grâces, sa beauté et sa grande mine, jusqu'au son de sa voix et à l'adresse et la grâce naturelle et majestueuse de toute sa personne, le faisaient distinguer jusqu'à sa mort, comme le roi des abeilles. »
>
> SAINT-SIMON

Louis XIV, objet de glorification, a de multiples formes : Roi-Soleil, Jupiter, Alexandre le Grand, empereur romain, héros du grand siècle caracolant en campagne, monarque hautain sur fond d'hermine et de bleu fleurdelisé, séducteur à la jambe provocante gainée de soie blanche, *pater familias* dans un fauteuil entouré de sa famille, bravache à l'œil noir d'une expression égale, sûre et sereine, masque enrubanné, poli, poudré, emplumé. On ne voit jamais le naturel de l'homme. Et pourtant, c'est aussi un corps malade, corps souffrant sous son caparaçon bariolé de roi, corps démystifié par le *Journal de Santé* tenu par trois de ses plus fameux médecins.

L'Histoire, qui a tendance à oublier que ses héros sont faits de chair et de sang, nous représente un roi brillant qui, dira Voltaire, « l'emportait sur tous les courtisans par la richesse de sa taille et la beauté majestueuse de ses traits ». Mais le *Journal de Santé* dévoile un roi dépouillé de sa grandeur, un homme fragile comme tout autre, qui vécut la plupart de sa vie dans un état maladif, victime de fréquentes indispositions, tourmenté dès l'âge de vingt-quatre ans par des vertiges et des vapeurs qui dureront jusqu'à sa mort, sujet à des éruptions cutanées et aux abcès, goutteux à l'âge de quarante-quatre ans, épuisé par des fièvres continues et de graves opérations pratiquées parfois pour la première fois dans l'Histoire, graveleux dans sa vieillesse.

Malgré ces maux quasi quotidiens, Louis XIV ne fut vaincu par la gangrène qu'à l'âge de soixante-dix-sept ans. Déjà enfant, il avait une volonté de vivre et une forte constitution qui lui permirent de résister à trois maladies éruptives souvent mortelles à cette époque et, plus tard, à bien d'autres sévices. Chose aussi étonnante, il survécut en dépit de l'incompétence des médecins qui, chargés de « conserver sa précieuse santé », accablaient le corps de leur royal patient de purges et de clystères.

Durant les soixante-dix-sept années qu'il vécut, Louis XIV eut cinq premiers médecins. Jacques Cousinot fut attaché au service du jeune dauphin jusqu'en 1646. François Vaultier prit la relève pendant une année. Mais seuls Antoine Vallot, Antoine d'Aquin, Guy-Crescent Fagon, qui remplirent leur fonction de 1647 à 1711, tinrent les remarques qui constituent le *Journal de Santé du Roi* — entreprise qui devait plaire à un jeune roi qui prenait conscience de son importance.

En fait, Louis XIV n'avait que neuf ans en 1647 quand son nouveau médecin, Antoine Vallot, commença à tenir ce *Journal* année après année. Antoine d'Aquin prit la relève à la mort de Vallot en

1671. En 1693, date de sa disgrâce, il fut remplacé par Guy-Crescent Fagon qui suivit le roi jusqu'en 1715. Mais le *Journal* s'arrête en 1711. Déjà vieux et souffrant lui-même, Fagon ne prit sans doute pas la peine de tenir le registre des dernières années du roi, si riches pourtant en événements éprouvant sa santé. Il est vrai que le manuscrit du *Journal* se termine sur deux feuillets séparés qui furent attachés plus tard au cahier et qui, par leur écriture serrée, donnent l'impression qu'il y avait peut-être eu une suite sur d'autres feuillets semblables, dispersés et perdus entre 1711 et 1744, date de la reliure du manuscrit. Mais ce sont des spéculations. Quoi qu'il en soit, il reste que, face à un vieillard qu'il voyait décliner, Fagon a bien interrompu la rédaction régulière de son registre.

Le manuscrit remis à la Bibliothèque royale en 1744 par l'héritière de Fagon forme deux volumes in-folio. Sur la page de garde, une gravure intitulée *Hortus Regius* — elle avait orné le *catalogue du Jardin du Roi* publié par Vallot en 1655 — montre, dans un nuage auréolé de rayons, Louis XIV assis dans un char tiré par quatre chevaux. Le jeune roi est représenté sous la forme d'Apollon, couronné de lauriers, portant une lyre et un carquois. Un angelot tient une devise *Hoc Numine Floret*. En bas de la page, un groupe de maisons se mêle à un paysage de jardins et de parterres de fleurs. Au premier plan, une jeune femme allongée symbolise la santé. La page suivante contient une gravure d'après Mignard offrant une image flatteuse, bien que peu ressemblante, de Louis XIV en 1662. En 1862, la Société des Sciences morales, des Lettres et des Arts de Seine-et-Oise publia le *Journal de la Santé du Roi Louis XIV* avec une introduction de Monsieur J. A. Le Roi, conservateur de la Bibliothèque de la ville de Versailles.

D'autres contemporains du roi, le marquis de Dangeau, le duc de Saint-Simon, la princesse Palatine, Primi Visconti, ainsi que des mémorialistes tels les frères Anthoine et Jean Buvat, ont également laissé des témoignages sur la santé défaillante de Louis XIV. Mais, pour précieux que ceux-ci soient, reflétant la perception de la cour, ils n'ont pas la précision des notes des médecins. Vallot, d'Aquin et Fagon étaient des professionnels et, tout en cherchant toujours à plaire à leur auguste malade, ils apportaient à leur *Journal* les connaissances objectives de la médecine de l'époque. Cependant, chacun avait ses propres partis pris scientifiques qui dictaient différents diagnostics, divers traitements, et donc des orientations particulières de leurs inscriptions. Dans ce sens, le *Journal* combiné se divise clairement en trois documents produits par des auteurs distincts.

D'abord Vallot. Docteur de la Faculté de médecine de Montpellier, Antoine Vallot vint s'établir à Paris où il fut recherché par les grands de l'époque. Fouquet en fit son médecin et ami. Très vite, il devint le médecin d'Anne d'Autriche. C'est en 1647, lors de la petite vérole de Louis XIV, qu'il se fit surtout remarquer en luttant contre l'avis des autres médecins de la cour et en guérissant le jeune roi. Considéré comme le plus habile médecin de la cour, Vallot n'eut alors aucune difficulté à occuper la charge de premier médecin du roi à la mort de Vaultier. Partisan de la médecine chimique, Vallot fit ses preuves en 1658, lors de la scarlatine du roi, en lui administrant du vin émétique qui le sauva. Vallot avait aussi la charge de surintendant du Jardin des Plantes, toujours attribuée au premier médecin. Il fit appel aux meilleurs botanistes qui furent chargés de parcourir la France pour en rapporter des milliers d'essences afin de repeupler le Jardin. Mais ses médicaments étaient surtout à base de minéraux, ce qui lui valait les sarcasmes des médecins galéniques, adversaires de la médecine chimique. Ne l'a-t-on pas accusé d'avoir empoisonné Henriette d'Angleterre avec une trop forte pilule d'opium ?

« Dieu, par une grâce particulière, nous a donné un Roi si accompli et si plein de bénédictions », écrit-il en 1647, au moment où il entreprend le *Journal*, comme pour insister que tout devait être mis en œuvre, y compris la rédaction du *Journal*, pour « conserver une santé si précieuse ». En effet, pour Vallot, porté à croire aux influences familiales, il y avait des raisons de s'inquiéter car l'hérédité de Louis ne le prédisposait guère à se bien porter. Avant de passer à la relation exacte de la santé de ce « royal enfant » qui a neuf ans, peut-être parce que la science était incapable d'expliquer la source des symptômes médicaux, le premier médecin chroniqueur s'empêtre en effet dans des remarques générales sur la « naissance et le tempérament » du petit Louis, dans des considérations embrouillées sur sa conception, sur la santé de ses parents. Que le père, Louis XIII, fut valétudinaire toute sa vie et qu'il ait mis quinze ans à concevoir un rejeton ne fait plus aucun doute aujourd'hui. Ce qui intéresse Vallot, cependant, c'est d'insister sur la déchéance de Louis XIII au moment de la procréation, lorsqu'il « commençait à se ressentir d'une faiblesse extraordinaire, causée avant l'âge par ses longues fatigues [...] qui l'avaient réduit en état de ne pouvoir espérer une plus longue vie ». Vallot, qui appréhende que le royal enfant ne se ressente de la faiblesse de son père, trouve néanmoins de quoi se rassurer du côté de la mère, car « la bonté du tempérament de la Reine et sa santé héroïque » ont rectifié, en l'espace de neuf mois de grossesse, « les mauvaises impressions, la faiblesse et les défauts de la génération du roi-père qui a engendré un fils sur la fin de ses jours. Vu cette hérédité, « le tempérament et les inclinations particulières » du roi, Vallot se concentre alors sur les manifestations les plus évidentes de la fragilité du jeune prince que « la délicatesse de poitrine et la faiblesse d'estomac » menacent d'incommoder toute sa vie. Pour une fois, d'ailleurs, Vallot voit juste : l'estomac sera une source constante de tourments pour Louis XIV malgré les traitements du médecin.

La démarche du successeur de Vallot est différente. Antoine d'Aquin était le fils d'un rabbin christianisé qui fut nommé au Collège de France comme interprète hébraïque. Après avoir étudié à Montpellier, d'Aquin alla à Paris où il épousa la nièce de Vallot, ce qui lui ouvrit le chemin de la fortune. Asthmatique et souvent malade, Vallot faisait appel à son neveu par mariage qui, plus tard, prit sa place d'autant plus facilement qu'il était lui-même le protégé de Madame de Montespan et habile courtisan. D'Aquin avait une pratique semblable à celle de Vallot, mais il était beaucoup moins strict dans l'application de sa médecine : en courtisan chevronné, craignant de déplaire à son Sire, il évitait de le contraindre à suivre des cures traumatisantes. Ainsi, sous ses ordres, les purges et les lavements remplacèrent-ils les saignées que Vallot prescrivait et que le roi détestait. Sa réputation fut cependant ébranlée lorsqu'il refusa, avec d'autres médecins, de pratiquer l'incision d'un abcès de la reine Marie-Thérèse qui fut alors emportée rapidement par la septicémie, ce qui plongea la cour dans l'effroi. Par ailleurs, les faveurs que d'Aquin réclamait continuellement importunaient le roi irrité depuis quelque temps par des accès de fièvre. Les absences répétées du médecin et ses airs hautains finirent par consommer sa disgrâce auprès de Louis XIV qui le chassa.

Selon d'Aquin, le roi était surtout « extrêmement chaud et bilieux ». Enfant, il avait été couvert « d'une quantité de gales et d'érysipèles », preuve d'une « chaleur excessive du foie, qui ne pouvait se rassasier par le lait d'un nombre infini de nourrices qu'il avait taries ». La perspective de d'Aquin suggère l'image d'un enfant agressif qui, comme on le disait à l'époque, serait né avec deux dents bien formées. « La chaleur de son sang, note d'Aquin, et la sensibilité de ses esprits ne laissent pas de lui exciter des mouvements [...] et des passions comme aux autres hommes », bien qu'il soit « plus maître de lui-même que tous les héros qui nous ont précédés ». Les préoccupations du médecin débouchent ainsi sur une apologie du monarque. Le professionnel se mue en courtisan qui, après une critique, la compense par une flatterie qui rétablit le patient dans son rôle héroïque.

En 1693, c'est le tour de Fagon de formuler ses réflexions sur le tempérament du roi. Né la même année que Louis XIV, Guy-Crescent Fagon fit ses études à Paris où il fut reçu docteur après avoir soutenu une thèse sur la circulation du sang, sujet original à cette époque. Sa réputation commença quand il fut nommé professeur de botanique et de chimie au Jardin du Roi. Madame de Maintenon, chargée de l'éducation des enfants de Madame de Montespan, s'attacha Fagon pour s'occuper de leur santé. En 1680, il devint médecin de Marie-Thérèse, puis des enfants royaux à la mort de la reine en 1683. Protégé par Madame de Maintenon, toujours attentif et présent, Fagon n'eut pas de difficulté à gagner aussi la confiance du roi. Bien qu'opposé à d'Aquin en matière de médecine, sans compter les conflits de personnalité, Fagon fut vite considéré comme le médecin le plus instruit de la cour. Le succès de ses cures de quinquina pour soigner les fièvres du roi rehaussa son prestige. Il semble bien que, dans l'esprit de Louis XIV, Fagon avait ainsi évincé d'Aquin avant même de le remplacer en 1693. Saint-Simon, pourtant peu tendre dans ses *Mémoires*, ne tarit pas d'éloges sur les compétences médicales de Fagon et sur son désintéressement. Sa seule demande fut la surintendance du Jardin royal qu'il sut embellir, comme Vallot, en envoyant un peu partout des botanistes pour récolter des plantes exotiques. Son amour pour la botanique le poussa à déterminer les plantes par leurs qualités intrinsèques, suivant qu'elles étaient émollientes ou astringentes, ce qui était une nouveauté à son époque. Il lui arrivait cependant d'abuser des purgatifs dans ses cures. Bien qu'asthmatique et épileptique, Fagon vécut jusqu'à quatre-vingts ans.

Quand Fagon entre en fonction, Louis XIV a cinquante-cinq ans et a déjà subi l'opération de la fistule ainsi que nombre d'autres maux dont il souffre depuis sa jeunesse. Les remarques de Fagon, nous apprend-il, sont destinées à éclairer ses successeurs à la lecture de ce passé et du présent. En fait, elles sont prétextes à critiquer les diagnostics de ses prédécesseurs, surtout ceux d'Antoine d'Aquin contre lequel il ne cache pas son animosité. Fagon dénonce ainsi toute la notion du prétendu tempérament bilieux de son patient, le voyant plutôt comme un mélancolique héroïque. Les tempéraments bilieux, dit-il, déterminés par le foie, l'appétit, la constipation, la peau et le caractère, ont « pente à vomir et à être dégoûtés ». Or les vomissements ne sont pas signalés souvent dans le *Journal*. Même pendant les grandes purges à l'émétique, qui pourtant peuvent être de puissants vomitifs, le roi ne présente pas ce symptôme bilieux. De plus, le médiocre appétit des bilieux n'était certainement pas le cas du roi dont l'appétit est, selon Fagon, « dans toutes les saisons et à toutes les heures également grand, et souvent il ne l'a pas moindre la nuit quand ses affaires l'ont engagé à prendre ce temps pour manger, et en général il est plutôt excessif que médiocre ». Autre particularité des bilieux, c'est qu'ils ont le « ventre libre, et souvent plus qu'il ne faudrait ». Le roi, au contraire, a le ventre « resserré et quelquefois très constipé », et seulement « lâche » à la suite des indigestions dues à des excès culinaires. Sa peau n'est pas teintée de jaune et il n'a pas les « cheveux et les sourcils ardents » comme les tempéraments chauds et bilieux, prétend Fagon. Il se lance ensuite dans une description flatteuse du roi, digne d'un portrait de Don Juan et non d'un homme dont le physique avait déjà subi les sévices de l'âge.

Quant à son caractère, Fagon ne peut douter qu'il ne soit « celui des héros ». Les bilieux sont enclins à « la colère et à l'emportement », ce qui n'est pas le cas du roi qui est « maître de soi-même » et fait toujours preuve de « patience, sagesse et sang-froid ». Il est vrai que le monarque n'avait pas lieu de dominer ses passions, quelles qu'elles fussent, sa volonté étant quasi absolue ; il n'avait donc pas de raisons de s'emporter souvent. Fagon en conclut que « l'humeur mélancolique » de son royal héros suffit à expliquer tous ses maux ainsi que, indirectement, la stabilité de son caractère qui se manifeste par « la vivacité et la promptitude d'esprit qui le font toujours parler très juste, et répondre sur-le-champ avec une netteté et une précision si surprenantes ». Quant à son « courage inébranlable dans la douleur », tant claironné, il exprime semblablement « sa fermeté sans exemple à soutenir ses résolutions », en dépit de sa « facilité de satisfaire ses passions ».

Louis XIV fut certainement une énigme pour tous

ses médecins. Ils semblent perdus devant l'accumulation des maux quotidiens auxquels ils ne savent mettre fin, la violence spectaculaire que prennent les maladies contagieuses et les maladies de peau, les opérations chirurgicales risquées pour l'époque. Bien entendu, le caractère du roi, qui n'était pas des plus commodes, ne facilitait pas la tâche des médecins qui auraient pu dire comme Diafoirus : « Mais ce qu'il y a de fâcheux auprès des grands, c'est que quand ils viennent à être malades, ils veulent absolument que leurs médecins les guérissent. »

Il faut dire que les médecins eux-mêmes étaient tiraillés par des querelles d'école, pris dans le conflit entre la médecine chimique et la médecine galénique. Après l'obscurantisme empirique du Moyen Âge occidental, coupé des textes de Galien et d'Hippocrate, la renaissance des études médicales fut d'abord inspirée par les Arabes qui, informés par des médecins de Constantinople, reprirent les idées des Grecs et des Romains mais dans une direction qui privilégiait leur propre goût pour la chimie et l'alchimie. Ils découvrirent ainsi de nombreux composés minéraux à vertu médicinale, combinant des métaux avec d'autres matières. Cette médecine *chimique* se développa surtout à Montpellier, d'où elle rayonna dans toute la France. Entre-temps, cependant, surtout après la prise de Constantinople par les Turcs, les traités des Anciens étaient redevenus accessibles et on se mit à les étudier, en particulier ceux de Galien, dans l'original. Il en sortit une nouvelle école de médecine, dite *galénique*, qui préconisait des remèdes plus « naturels », telle la saignée. Son centre s'établit à Paris d'où elle s'employa à exclure sa rivale, pratiquée par des médecins venus de Montpellier, entre autres Renaudot, le fondateur de la *Gazette*. Le conflit se prolongea sous le règne de Louis XIV, notamment à propos de l'usage de l'antimoine, minéral sulfureux combiné à l'arsenic, découvert en son temps par Paracelse et préconisé par les médecins chimistes. Vallot et d'Aquin venaient de Montpellier et penchaient, mais prudemment, vers la médecine chimique ; Fagon venait de Paris et relevait en principe de la médecine galénique, mais son pragmatisme dans l'emploi des médicaments encouragea une entente entre les deux doctrines, débouchant sur l'évolution moderne des études médicales. En attendant, tous les médecins traitant le roi se trouvaient contraints, sinon aveuglés, par leur position dans la querelle des deux écoles. Ils ne s'entendaient que sur le recours à la recette pratique des médecins comiques de Molière : *saignare, purgare et clysterium donare.*

Il faut aussi comprendre qu'ils ne pouvaient guère se permettre des risques. C'est que la charge du premier médecin du roi n'était pas une position médiocre à la cour. Il avait droit aux mêmes privilèges et honneurs que les grands officiers, portait le titre de comte qu'il transmettait à ses enfants, jouissait d'appointements considérables, recevait de nombreux cadeaux du roi. Parmi les grands officiers de la maison royale, le premier médecin est en fait le plus proche du roi. Constamment à son chevet, il est au courant des moindres signes de défaillance du corps royal, centre de Versailles autour duquel gravitent les courtisans. Or c'est une lourde charge que de veiller à maintenir la façade de l'édifice royal, à sauvegarder le corps d'un monarque absolu qui se préoccupe autant de sa propre santé que de celle des autres et va jusqu'à leur proposer des remèdes. Dès le réveil du roi, le premier médecin entre dans sa chambre pour lui tâter le pouls, s'informe de sa nuit et de ses digestions. Il lui ordonne des bouillons et les goûte, assiste aux repas, conseille ou déconseille tel ou tel plat. Jusqu'au coucher, il suit son maître partout, prêt à le secourir et à donner son avis en présence d'une troupe de confrères et d'assistants. Bref, chez le premier médecin du roi, le souci de sa propre carrière se combine à la responsabilité envers la santé royale, incitant à la circonspection.

S'y ajoute aussi sans doute un sentiment de responsabilité envers l'État tout entier, enclin à être secoué par le moindre éternuement du roi. Quand on suit la vie de Louis XIV et que l'on compare l'histoire de son long règne de soixante-douze ans au déroulement du *Journal* de sa santé, on est tenté de faire un rapprochement entre les décisions politiques du roi et l'évolution de son état physique. Ses désirs, ses passions autant que ses faiblesses ont des contrecoups dans le royaume et au-delà des frontières. N'avait-il pas ordonné que l'instruction de son petit-fils contienne cette phrase qui résume l'importance du corps royal : « La nation ne fait pas corps en France, elle réside tout entière dans la personne du Roi ? » La santé du roi influe ainsi sur sa politique, et ses misères physiques forment des mobiles, reconnus ou secrets, de ses décisions.

Or, contrairement à ses exploits guerriers, ou tout autre acte public, glorifiés par les peintres et encensés par les écrivains, l'état du corps du roi demeurait obscur pour ses contemporains qui jugeaient la santé sur les apparences et attribuaient peu d'importance aux purges et aux saignées routinières. Corps volontairement caché par le roi lui-même qui avait vite compris que ses misères physiques étalées au vu et au su de l'Europe ne pouvaient que ternir son aura. Sans doute tira-t-il avantage de quelques maladies graves, et de la spectaculaire opération de la fistule, pour affermir, aux yeux du monde, son image quasi divine de protégé de Dieu, voire sa puissance suprême, mais il s'agissait là d'épreuves du corps qui ne pouvaient rester secrètes. Sans doute aussi l'office de la chaise percée laissa-t-il dans l'Histoire la vision du monarque occupé publiquement à de basses besognes du corps, mais à l'époque cette activité était ritualisée. En dehors de la stricte étiquette qui ennoblit chaque fonction, le corps du Roi-Soleil reste dans l'ombre, sa fragilité voilée et ses défaillances masquées.

Il s'impose donc, à la lumière d'une perspective mieux informée, de reprendre aujourd'hui, à travers les grandes lignes de l'Histoire, le rapport profond entre la vie publique du roi et les vicissitudes de son corps malade.

« Louis XIV, dit Dieudonné, par son heureuse et miraculeuse naissance, par la grâce de Dieu, roi de France et de Navarre, fils de Louis XIII et d'Anne d'Autriche, naquit à Saint-Germain-en-Laye, le 5 septembre 1638, et succéda à la couronne le 14 mai 1643. » Ainsi commence le *Journal de la Santé* du roi en 1647, année où Dieudonné échappa à la petite vérole, par miracle dit-on, en réalité grâce à sa robustesse. Il n'en fallait pas plus pour auréoler le jeune roi déjà assuré de sa mission sur terre, malgré une enfance difficile marquée par les troubles de la Fronde.

En 1653, les temps de sédition passés, l'espoir se fixe sur l'auguste personne du roi. En 1654, le sacre assoit son autorité de droit divin et lui fait prendre conscience de son rôle de monarque. En 1658, la scarlatine lui enseigne le prix de la vie mais aussi, autant que l'avaient fait les barricades de la Fronde, durcit son caractère devenu méfiant. Sa guérison lui prouve qu'il a une robuste constitution et qu'il n'en faut pas plus pour paraître immortel.

En 1661, prenant le pouvoir à l'âge de vingt-deux

ans, Louis est physiquement et psychologiquement prêt à montrer qu'il peut gouverner seul et prouver à l'Europe la supériorité de sa couronne. C'est à partir de ce moment qu'il va mener un double combat : politique, face au Parlement, aux gouverneurs des provinces, aux princes et aux huguenots, et physique, pour masquer les étourdissements qui l'assaillent continuellement. Lourde tâche pour un monarque dont le souci de paraître est si fort. Les années soixante sont cependant glorieuses pour le roi, vainqueur sur tous les fronts. Les fêtes, les amours se succèdent : rien n'est trop beau pour plaire à Mademoiselle de Lavallière et amuser la cour qui vit dans la joie et l'abondance, joue gros jeu, festoie et danse. Les « Plaisirs de l'isle enchantée » valent bien quelques étourdissements.

En surface, les années soixante-dix semblent aussi brillantes. En 1670, Louis décide d'aménager Versailles, rêve de pierre édifié pour imposer le respect, œuvre d'un despotisme artistique qui veut soumettre la nature à l'ordre. Vauban, Duquesne, Turenne et Condé font retentir la gloire du Roi-Soleil. La paix de Nimègues en 1678 fait de Louis l'arbitre d'une Europe qui n'a d'yeux que pour lui : le conquérant, qui étale une magnificence incomparable, défie la morale publique en faisant campagne avec la reine et deux maîtresses, éblouit par sa superbe assurance, tient tête au pape. Cependant le roi est sujet aux vertiges qui deviennent de plus en plus violents et fréquents à mesure que son corps se surmène, avec fureur et obstination, à mener de front vie politique et vie sentimentale. Mais il ne veut rien laisser paraître de ses faiblesses physiques, faisant preuve, comme pendant toute sa vie, d'un courage exemplaire dans la douleur. Le courage n'est-il pas la grande vertu des héros et des rois ?

Il reste qu'il y a des ombres au tableau. Si les conquêtes sont rapides, car le roi peut encore parcourir vingt lieues par jour à cheval, elles lui infligent, en Franche-Comté et en Flandre, des dysenteries propagées par les troupes espagnoles. Les impôts pour payer la guerre et les constructions extravagantes du roi sont lourds, les soulèvements en province nombreux. Mademoiselle de Lavallière entre au Carmel, et le roi commence à se fatiguer des exigences de Madame de Montespan. L'affaire des poisons, où des nobles sont impliqués, ternit la décennie. Le roi est autant exaspéré par ces ennuis que par ses maux de dents, les vertiges qui le tourmentent, et l'incompétence de ses médecins qui ne savent y mettre un terme.

Les années quatre-vingt, dit-on, marquent l'apogée de Louis XIV. En réalité, la perte de ses meilleurs conseillers, l'intransigeance de la ligue d'Augsbourg, l'hostilité des états protestants, les manœuvres de Louvois, les révoltes, les guerres répétées contribuent à transformer la France en un vaste camp militaire où l'on chante plus de *De Profondis* que de *Te Deum*. C'est déjà le début d'un long déclin. A partir de 1680, le corps las de Louis se réfugie en effet dans une routine où plaisirs et goût du faste n'ont plus leur place. D'ailleurs, il a mis fin à ses frasques amoureuses. Depuis l'installation définitive à Versailles en 1682, dans une atmosphère d'austérité, le roi devient bigot sous l'œil complice de Madame de Maintenon. Un voile sombre tombe sur la cour qui pratique une étiquette rigide dont le corps royal est le centre. C'est pendant cette décennie que la condition physique du roi semble avoir le rapport le plus étroit aux hauts et aux bas de sa politique.

C'est d'abord la goutte qui l'empêche de monter à cheval, le force à utiliser une chaise roulante pour se déplacer, perturbe même l'étiquette. Puis, en 1685, année de la Révocation de l'Édit de Nantes, tout le corps de Louis s'enflamme dans une grande poussée d'humeurs : des abcès aux dents, l'opération qui crève le palais, la goutte et les étourdissements qui déforment et déséquilibrent le corps, toute une série de misères auxquelles vient s'ajouter, en 1686, une fistule anale qui immobilise le roi toute une année dans ses appartements. Versailles ressemble moins à une prison dorée qu'à un mausolée lugubre. Louis, à quarante-huit ans, devient de plus en plus taciturne à mesure que sa politique intolérante suit son cours et que sa santé s'altère. Après l'opération de la fistule, il renonce aux spectacles. La fête qui célèbre le succès de l'opération est la dernière fête populaire. Le roi cesse de faire corps avec son peuple, il est diminué par ses déboires physiques et politiques. La machine ne suit plus le mouvement. Le cérémonial du corps d'apparat et les soins de l'étiquette ne sont plus qu'illusions autour d'un organisme qui décline. Le roi, réduit à la calèche, souffre de sa décrépitude et de l'inconfort corporel, tente cependant encore d'y échapper par des projets extérieurs. En 1687, il ordonne la construction du Trianon qui est le dernier édifice prestigieux de son règne. Son architecture légère et relâchée annonce un xviiie siècle précoce, comme si le maître des lieux, harcelé et désabusé, s'était déjà lassé de son rôle solaire.

A partir des années quatre-vingt-dix, la fortune militaire de Louis XIV commence à le trahir. La paix de Ryswick, en 1697, met fin à l'expansion de la France, ébranle l'orgueil du roi. Jusqu'à sa mort, sa politique intérieure et extérieure subira une suite de revers qui épuisent le pays et humilient le monarque déjà amoindri par les pertes familiales et une vieillesse mal acceptée. Louis assiste à sa propre déchéance en même temps qu'il voit s'effriter son pouvoir absolu. Son corps engourdi dans des habitudes de malade, soumis aux dévoiements et à la gravelle, éprouvé par les vertiges et la goutte, trompé par l'incompétence de ses médecins, tiendra encore jusqu'à sa soixante-dix-septième année.

Il faut apprécier, sinon admirer, la force physique du roi qui permit non seulement de vaincre toutes ses maladies, mais aussi de résister aux traitements de ses Purgons, de survivre aux saignées et aux purges, à la mauvaise hygiène, aux maux psychosomatiques. En maîtrisant les trahisons de son corps avec autant de constance qu'il en mit à combattre ses ennemis, Louis XIV pensait sans doute assurer sa réputation d'invincibilité. Il vécut très longtemps et, malgré l'adversité physique qui le débilitait, il trouva moyen de léguer à la postérité la vision d'un roi-héros beau et puissant, aimé des femmes, admiré des peuples éblouis par sa magnificence, redouté par ses adversaires.

C'est cette figure qu'il s'agit ici de démythyfier, dévoilant sous le paraître héroïque la réalité de l'homme souffrant.

CHAPITRE I

LE CORPS SAUVÉ

> « Avec ses vertus sans pareilles,
> L'émétique a fait des merveilles,
> Ressuscitant ce grand Louis,
> Dont tous nos cœurs sont réjouis. »
>
> LORET, *La Muse historique*

Peu de textes mentionnent les traces de la variole qui marquèrent le visage du roi. Au contraire, les peintres comme les écrivains ont tendance à glorifier le corps du roi, à vanter la blancheur de son teint et la beauté de sa peau, sans en dévoiler les défauts. La variole étant une maladie courante, on ne remarquait peut-être pas les cicatrices qui creusaient les visages de bien des gens à cette époque. On peut aussi supposer que le temps effaça vite les sévices de la variole sur ce visage d'enfant de neuf ans. Et pourtant, en novembre 1647, Louis XIV est atteint de la petite vérole.

Alors qu'il se divertissait à la comédie au Palais-Royal, le jeune roi est surpris par une douleur subite aux reins qui le cloue au lit. Les médecins déclarent la petite vérole et aussitôt lui tirent « huit onces de sang du bras droit, pour ôter la plénitude, soulager promptement la nature, la rendre plus libre, et faciliter l'éruption de la petite vérole ». Quarante-huit heures plus tard, les premières taches rouges apparues sur le visage déterminent les médecins à procéder à une deuxième saignée de huit onces de sang, « l'effet de laquelle saignée parut dès le même jour, car la petite vérole se manifesta plus amplement dès ce jour-là, et la nuit suivante encore plus ». Le cinquième jour de la maladie, dans un état de délire qui affole la reine, Louis est de nouveau saigné « ce qui fut fait à l'instant et si heureusement que ce fâcheux symptôme de la rêverie ne retourna plus, et que la petite vérole sortit avec plus de liberté et plus copieusement par tout le corps, au lieu qu'il n'y en avait guère auparavant qu'aux extrémités ». Le onzième jour, le jeune roi subit une quatrième saignée de même quantité qui met les médecins dans la joie d'avoir su vaincre un mal si fatal. En l'espace de onze jours, Louis perd trente-deux onces de sang, soit près de deux litres de sang, alors que le corps d'un adulte n'en contient que quatre à cinq litres !

Quel était le but de ces saignées répétées qui achevaient le malade plus qu'elles ne le soulageaient ? Sous Louis XIV, la monomanie sanguinaire atteint son sommet. L'art du *coupandi, saignare* était le meilleur moyen de guérir et même de prévenir tous les maux, et l'on ne craignait pas de tirer des pintes de sang aussi souvent que jugé nécessaire. Les médecins pensaient que le corps humain contenait douze litres de sang. Nul doute qu'avec de telles convictions, les médecins n'hésitaient pas à tirer du sang comme l'on tire de l'eau d'un puits. Nul ne pouvait échapper à la divine méthode de Galien. Chaque maladie comportait un ensemble de règles relatives à la façon d'ouvrir les veines selon l'effet thérapeutique recherché. La saignée était faite dans le but d'attirer les humeurs.

Chez Louis XIV, elle est faite au bras ou au pied par le chirurgien sur ordre du médecin. Quand on désirait évacuer les humeurs retenues dans un organe, on saignait le pied pour attirer le mal par en bas. Lorsque ces humeurs coulaient trop abondamment, on ouvrait les veines supérieures, celles du bras en particulier, dans un but rétentif.

Le chirurgien tirait à chaque fois deux ou trois poilettes de trois onces chacune et ne devait pas dépasser la quantité de sang fixée par le médecin qui l'inspectait et en tirait un diagnostic, suivant la façon dont il avait coulé, son épaisseur et sa couleur.

Ce qui frappe dans le *Journal de Santé*, c'est la suffisance et le manque de savoir des médecins. Quand le patient ne meurt pas, c'est parce qu'ils ont « osé faire », ou « imaginé » avec une continuelle application quelque médecine, grâce aux lumières que Dieu leur a données. Voici comment ils expliquaient la petite vérole : « Le sang bout et fermente comme le vin dans un tonneau. [...] Les enfants sont plus sujets à cette maladie, car leur sang ressemble plus au moult et par conséquent plus sujet à la fermentation. » De même que le moult qui ne fermente qu'une fois, la petite vérole n'arrive qu'une fois, ce que l'on savait donc à cette époque.

Si l'on compare la description de la variole que donne Vallot, en notant jour par jour la progression de la maladie, avec celle tirée d'un texte médical, on constate que les deux schémas collent parfaitement bien et que les symptômes sont rigoureusement les mêmes, aussi bien dans la marche du temps que dans leur évolution. Force est d'admettre qu'il s'agit bien de la petite vérole, et non pas d'une autre maladie infectieuse et pustulaire comme la varicelle.

Entre les saignées, Vallot et les autres médecins au chevet du roi se contentent de continuer les remèdes empiriques, en attendant « de voir et observer les mouvements et les forces de la nature ». Autrement dit, de laisser faire la nature. En quoi consistent ces remèdes cordiaux tant utilisés par les Diafoirus de l'époque ? Vallot n'en donne pas la composition, mais la *Gazette* qui relate la petite vérole du roi fait état des « bouillons rafraîchissants et cardiaques », des eaux cordiales, des pilules faites de poudre de perles dont les effets cordiaux « réjouissent le cœur » et, bien sûr, du fameux bézoard, sorte de concrétions calcaires trouvées dans la tête ou l'estomac de certains animaux. Heureux celui qui possédait le bézoard du bouc sauvage d'Orient. Monsieur, frère du roi, en achetait de pleines boîtes que lui envoyaient les Jésuites de Goa. Plus lointaine était la provenance, plus souveraines étaient les vertus de cette panacée employée essentiellement contre les maladies pustulaires que l'on disait provoquées par du venin. En effet, on attribuait souvent la cause des maladies pustulaires à une impureté du sang maternel dont l'enfant s'était nourri. « Ce poison, dit Vallot, se répand dans le sang où il sommeille quelque temps, jusqu'à ce qu'un élément extérieur au corps le réveille, l'excite jusqu'à l'ébullition du sang qui est le moyen de séparer le pur de l'impur qui est rejeté du corps sous forme de pustules ! »

Vallot, qui croyait à la théorie de l'ébullition du sang, note le onzième jour de la maladie de notre illustre malade qu'une « nouvelle ébullition augmenta la fièvre et tous les autres symptômes avec tant de violence, que les pustules parurent toutes sèches et d'une mauvaise couleur ». On peut imaginer l'affolement de Vallot devant cette nouvelle poussée pustulaire doublée d'une « espèce d'érysipèle sur tout le dos et une bonne partie de la poitrine », éruption qu'il n'explique pas et qui est normale dans le cas d'une variole aussi violente. Aussitôt, les médecins s'arment de bistouris et incisent les pustules pour en évacuer les humeurs. Le jeune corps du roi, livré aux mauvais traitements d'une armée de médecins incompétents, est trituré, incisé et saigné. A neuf ans, entre la vie et la mort, Louis commence l'apprentissage de la douleur. Dans une grande poussée pustulaire, le corps du roi s'enflamme et semble se crevasser, la gangrène attaque même les orteils jusqu'à l'os qui dégénère en carie. De nouveau, le scalpel entaille les chairs pour extirper « cette matière maligne, corrosive et sanieuse [...] faisant pointe à l'extrémité des deux pouces de pied, et sur le petit doigt du pied droit, à laquelle on donna promptement issue en ouvrant la peau avec le ciseau ». Et quand le jeune prince est pris d'une « soif si grande et si extraordinaire », qui nous paraîtrait normale dans le cas d'une maladie qui déclenche des accès de fièvre et des sueurs considérables, les médecins, qui ne peuvent expliquer cette altération, sont dans la terreur de perdre le jeune roi dont ils ont la responsabilité et proposent une saignée vite remplacée par une purge ! Pour Vallot, la soif ne vient pas de la fièvre, mais « d'un amas de bile pourrie qui s'était jetée dans l'estomac », et dont il faut se débarrasser par un bon verre de calomel et de séné. Entre la purge dont les évacuations déshydratent, les saignées qui affaiblissent, les incisions qui torturent, le corps du roi est en bien mauvaise posture. Le quatorzième jour de la maladie, Louis semble près de mourir. La cour intrigue et boit à la santé de Gaston d'Orléans qui se voit déjà roi, mais ses espoirs s'envolent, quatre jours plus tard, quand la fièvre tombe subitement, laissant le jeune roi épuisé, la peau gonflée, criblée de marques rouges, mais sauvé.

L'enfant-roi de neuf ans échappe à la fatalité de la petite vérole, grâce à sa forte robustesse. C'est décidé !

Dieudonné vivra. Son aura n'en sera que plus belle. Le portrait de Testelin, exécuté un an plus tard, montre un visage grave qui avait perdu toute expression enfantine, visage déjà obstiné et têtu. *La Gazette de France* fit le panégyrique de Louis et loua la patience du jeune roi qui sut courageusement présenter son bras à la saignée « raisonnant et se payant toujours de raison ». Sept ans après la petite vérole, quand Louis sera sacré, la reine mère en profitera pour conduire son fils à Notre-Dame afin de « faire voir à ce peuple dans le visage serein de son roi le bon succès de leurs prières et de leurs vœux, et ensuite de leur faire sentir tous les effets d'une affection réciproque ». Il n'en fallait pas plus pour affirmer la divinité du roi dont la vie avait été miraculeusement sauvée d'une maladie si fatale.

Onze ans plus tard, en 1658, en se louant que la France n'ait pas été affligée de la peste comme beaucoup d'autres pays en Europe, Vallot écrit que « c'est un miracle de la nature » que le roi n'ait pas été affecté par les maladies populaires épidémiques qui sévissaient en France cette année-là, entre autres la dysenterie, la fièvre pourprée ou scarlatine et la rougeole.

Vallot, qui ne pèche pas par modestie, se félicite d'avoir pu éviter une maladie aussi grave que la scarlatine, uniquement grâce aux tablettes « pour fortifier l'estomac », sorte de mélange de fer et de poudre de perles. Mais les épidémies continuent, et Vallot commence l'année de 1658 en prédisant à Sa Majesté, comme il est accoutumé de le faire au début de chaque année, les malheurs qui risquent de s'abattre sur lui. Ces prédictions sont basées, dit-il, sur son expérience et sa connaissance des astres. Il rentrait toujours un peu d'astrologie dans la médecine à cette époque : les astres et les vents, étudiés à partir du solstice d'hiver, déterminaient les maladies à venir.

Au début de 1658, les inondations extraordinaires, dont parle Vallot, sont en général un facteur de pollution qui entraîne des épidémies de dysenterie. Le médecin ne s'en soucie pas et trouve plus importants « les vents favorables » qui purifient l'air jusqu'en avril et chassent les maladies « pestilentielles », comme la rougeole, la petite vérole ou la scarlatine.

Le roi quitte Paris en avril 1658 pour aller commander ses armées pendant la campagne de Flandre. Son médecin sait que les épidémies font rage dans le nord de la France, — « l'air de tout le pays était corrompu » —, et que la cour, qui suit le roi dans ses déplacements, est « incommodée d'un rhume fort opiniâtre ». Vallot met le roi en garde contre ce danger, mais celui-ci rejette ses conseils et désire se livrer corps et âme à ses « glorieuses entreprises [...] et payer de sa personne ». Vallot se plaint alors que Sa Majesté « s'expose à toutes sortes de périls et de fatigues ». Ayant remarqué un changement notable dans le pouls et les urines du roi, il presse le roi à prendre quelque repos. Louis XIV, résolu à ne pas songer aux remèdes préventifs de Vallot, s'empresse de se débarrasser de ce médecin encombrant en l'envoyant soigner le maréchal de Castelnault qui se meurt d'une blessure. Et il s'en faut de peu que le roi ne tombe malade d'épuisement. Mais son médecin vigilant, à qui Dieu « avait inspiré des lumières extraordinaires », le tire de ce mauvais pas.

Louis XIV part à Mardik soutenir le siège de Dunkerque et de Bergues, et mener sa campagne à dessein de soumettre les Pays-Bas. Mardik est dans une région qui souffre de nombreuses épidémies, « de la corruption de l'air » comme l'écrit Vallot. On ne savait pas très bien comment se propageaient les maladies contagieuses. On accusait surtout l'air de charrier les miasmes et d'être le véhicule qui fait « pénétrer bien avant dans nos corps [...] les qualités malignes ou venimeuses ». Mais comment explique-t-on que tout le monde ne soit pas atteint ? Là, nous tombons dans une explication digne de Molière : il faut que « la substance spiritueuse, [...] la masse de sang, [...] les parties ne soient point gâtées ni corrompues ». Autrement dit, si on est résistant, on n'est pas malade ! L'idée de la progression du mal est amusante : les « esprits » sont infectés et communiquent le mal aux « humeurs ». La conjonction des deux parties atteintes ne fait que retenir le « venin » des maladies infectieuses, d'où l'utilité des remèdes cordiaux, lavements et saignées qui poussent la maladie au-dehors.

L'histoire de la maladie du roi à Calais commence le 29 juin 1658. Vallot y consacre vingt-quatre pages de son *Journal*, alors que d'habitude la description annuelle de la santé du monarque n'occupe que peu de pages. A cause « de l'infection des eaux, du grand nombre de maladies, de plusieurs corps morts sur place », la contagion était inévitable. Le roi contracta la scarlatine et, « peu à peu un venin caché, qui, après avoir infecté ses humeurs et troublé son tempérament », le plongea dans les affres d'une fièvre pourprée. Louis XIV dissimula son mal pour pouvoir continuer sa campagne, avec cette obstination et cette passion qui lui étaient propres à ne jamais laisser l'enveloppe charnelle de sa divinité l'emporter par la faiblesse.

Le 1er juillet, le corps se rend. Il faut subir les inévitables lavements et saignées. « La saignée est absolument nécessaire dans les commencements des fièvres malignes », affirme Vallot. En onze jours, Louis XIV subit neuf saignées dont six en trois jours.

Trois saignées au pied et six aux bras qui ne le tuent pas, mais n'empêchent pas la scarlatine maligne de suivre un cours spectaculaire : en plus des symptômes habituels comme l'éruption de taches pourprées, la fièvre, le délire, le jeune roi se tord de convulsions, tombe en syncopes, est pris d'une soif si intarissable qu'il en a la langue noire, laisse s'écouler involontairement dans son lit excréments, urines et sperme, sans aucun contrôle de son corps, dans une poussée de la nature que Vallot ne peut juger que salutaire puisqu'elle « jette au-dehors tout ce qui reste d'impureté ». La saignée est en général suivie d'une purge ou d'un lavement, singulièrement en faveur au xviie siècle. Louis XIV emmenait « son charroy de l'apothicairerie » quand il partait en campagne, et son siècle peut être qualifié de siècle des clystères. Mais ces saignées, purges et lavements sont souvent contestés par l'entourage médical du premier médecin. Ce fut le cas de la purge qu'on administra au roi le septième jour de la scarlatine, alors que le corps était au plus fort de la crise.

Le plus intriguant pour les médecins est la bouffissure de tout le corps « qui est une marque indubitable d'une grande malignité, d'un venin qui ne peut s'exhaler, ni sortir au-dehors et qui ressemble au gonflement qu'on a après une morsure de serpent ». Pour remédier à cette bouffissure du corps, on applique des vésicatoires aux bras et aux jambes du roi.

Jugeant la maladie violente, Vallot passe outre et déclare que la plupart des malades mouraient ordinairement le sixième jour. Faut-il comprendre que puisque Louis XIV était encore en vie le septième jour, il pouvait bien résister à une purge ? Et il ajoute que si l'on ne soulage pas vite la nature et que le roi n'est pas promptement « assisté », la mort s'ensuivra le neuvième ou le dixième jour ! Décidé de « purger vigoureusement » le roi qui vient de subir huit saignées, Vallot juge qu'on ne peut plus appliquer les remèdes communs et ordinaires et prend l'initiative de passer aux grands moyens. Sur-le-champ, il fait prendre au roi du vin émétique préparé à base d'antimoine.

Mais pourquoi cet émoi ? C'est que l'antimoine est un métal sulfureux combiné à l'arsenic, donc dangereux. Au XVIᵉ siècle, Paracelse introduisit dans la médecine des remèdes minéraux, dont ce précieux métal, marquant ainsi la rupture avec la tradition de la médecine antique galénique. A la même époque, un moine expérimenta ce métal qui tua les ouailles du monastère, d'où le nom d'antimoine donné à ce sulfure. Les médecins de Montpellier, adeptes de la médecine chimique, utilisèrent l'antimoine, ce qui fut la cause principale de la querelle entre la Faculté de Montpellier et la Faculté de Paris. Cette dernière fit condamner l'usage de l'antimoine par arrêt du Parlement en 1566. En 1657, la controverse est suffisamment forte encore pour que Benserade introduise dans son ballet, *l'Amour malade*, dansé par le roi, une attaque contre l'antimoine sous la forme de la Raison qui déconseille l'antimoine à l'Amour malade (le roi).

« Je ne vous réponds pas aussi que le remède,
Ne devienne à la fin plus cruel que le mal. »

C'est donc un grand risque que Vallot prend en faisant boire au roi du vin émétique, disposant ainsi du corps de son royal malade et se mettant à dos la médecine galénique. Mais ce risque est petit en comparaison du « coup de maître » qu'il improvise le dixième jour de la maladie, sous l'œil approbateur de Mazarin qui voit l'état du roi empirer. Vallot, débordé par l'évolution de la maladie, fait alors venir Guénaut, médecin d'Anne d'Autriche, qui prescrit l'antimoine avec l'accord de Mazarin et du médecin d'Abbeville, du Saussoy, fervent partisan de l'antimoine. En fait, Vallot ne signale pas dans le *Journal* la présence de ses deux confrères. Le coup de maître de Vallot est accepté par Mazarin qui « fit adroitement consentir à ce remède ceux qui ne l'approuvaient pas ». Comme pour se protéger, Vallot présente la décision du cardinal comme étant le « suffrage » qui doit clouer le bec à MM. les médecins, et « réduire quelques-uns qui pestaient contre l'antimoine ». L'anecdote du médecin d'Abbeville vient de Guy Patin, célèbre médecin de l'époque et mauvaise langue qui ne se gênait pas pour critiquer et rabaisser ses confrères, surtout ceux qui étaient médecins du roi. Dans deux de ses lettres, Guy Patin signale la présence de du Saussoy qui fut appelé comme arbitre une première fois et rappelé par le roi, et il attribue la prise d'émétique à l'initiative de Mazarin. Ni la *Gazette de France*, ni Mademoiselle de Montpensier dans ses *Mémoires* ne signalent le médecin d'Abbeville.

D'ailleurs, Patin ne croyait pas à la scarlatine du roi. Il attribuait la maladie à « un excès de chaleur d'avoir monté à cheval, et d'avoir eu longtemps le soleil sur la tête ». Quant à l'émétique, comme Patin était un furieux adepte de la médecine galénique, il considérait ce « poison » pernicieux digne des charlatans de la médecine chimique qui l'avait sacré comme remède précieux. Il conclut que « ce qui a sauvé le roi a été son innocence, son âge fort et robuste, neuf bonnes saignées, et les prières de gens bien comme nous ». En tout cas, on prépara trois onces de vin émétique mélangées à trois onces de tisane laxative. Concoction, précise Vallot, qui avait été préparée dès le matin. Voulait-il justifier l'initiative d'avoir été le premier à penser à ce remède ? Si l'on en croit le *Journal*, seuls Vallot et Mazarin, qui connaissaient les bienfaits de l'antimoine, firent accepter ce remède à ceux qui doutaient de ses vertus. Du coup, l'interdit sur l'émétique tomba en désuétude. Il est d'ailleurs curieux de constater que les deux premiers archiâtres du roi sortaient de la Faculté de Montpellier et étaient des adeptes de l'émétique.

Le roi prit une once d'émétique « qui réussit si bien et si heureusement que le roi fut purgé vingt-deux fois d'une matière séreuse, verdâtre et un peu jaune, sans beaucoup de violence, n'ayant vomi que deux fois, environ quatre ou cinq heures après sa médecine ». L'effet fut si prodigieux, écrit Vallot, que la fièvre tomba et qu'il y eut diminution de tous les accidents. Le roi s'en trouva mieux et ce fut la victoire de l'émétique. Quant au nombre de prises d'émétique qui furent administrées au roi, il est difficile de mettre tout le monde d'accord. Vallot parle d'une once de vin émétique, bien qu'il en ait préparé trois, Patin, du tiers d'une once, et Mademoiselle de Montpensier, d'une seconde prise d'antimoine qui « a fait merveille », car la première prise n'avait fait aucun effet, au point que le roi avait reçu le viatique.

La victoire de l'émétique était d'autant plus complète que les médecins qui l'avaient blâmé l'utilisèrent plus tard, excepté Guy Patin. Tout le monde s'en trouva fort satisfait. Même les courtisans du royaume et de toute l'Europe en raffolaient. Cette victoire de l'émétique profita beaucoup à Vallot qui, de retour au Jardin Royal à Paris dont il était le surintendant, se mit à tirer de l'antimoine toutes sortes de « belles préparations, et avec tant de candeur que la France en a tiré beaucoup d'avantages... »

Mais revenons au douzième jour de la maladie, soit deux jours après la prise d'émétique. Vallot insiste beaucoup sur la purge qu'il fit prendre au roi le vingtième jour, « bouillon composé de remèdes purgatifs et apéritifs », qui a pour effet « une décharge si copieuse par les voies de l'urine, que Sa Majesté rendait, en vingt-quatre heures, seize grands verres d'urine », alors que le roi n'avait bu que trois verres pendant ces vingt-quatre heures.

Pendant la semaine qui précède cette purge, le roi est si faible qu'il ne peut bouger dans son lit sans tomber en syncope. Pour le faire revenir à lui, on lui donne un peu de vin. C'est d'ailleurs la première fois que l'usage du vin est mentionné. (Même Patin signale dans sa lettre que le roi ne boit presque pas de vin.) Malgré la faiblesse du roi qui apparaît après une purge administrée le quinzième jour, ce qui n'étonne pas, Vallot juge bon le vingtième jour « qu'un petit remède purgatif ne ferait point de mal », alors qu'il a déjà ordonné à son patient un lavement les onzième et quatorzième jours, une purge le douzième jour soit deux jours après la prise d'émétique, une saignée le treizième jour, et quatre lavements les seizième, dix-septième, dix-huitième et dix-neuvième jours.

Mais comme ce vingtième bouillon purgatif ne suffit pas, on l'appuie d'un lavement qui n'évacue que de la matière bien « figurée », à la grande satisfaction de Vallot. Il croit déjà avoir vaincu la nature, quand à sa grande surprise, il note ce « flux d'urine » qui alarma le roi et son entourage « parce qu'il rendait quatre verres sans quitter le pot de chambre et sans intermission, ce qui lui causa une faiblesse si grande que le cœur lui manquait en urinant ». Cette extraordinaire évacuation continue neuf jours avec cette même force et marque, selon Vallot, la fin de la maladie du roi « qui s'est trouvé beaucoup plus fort, beaucoup plus vigoureux et plus libre de toutes ses actions, tant du corps que de l'esprit ». C'est cette évacuation que Vallot qualifie de « belle et heureuse crise » qui délivre le roi définitivement et marque la fin de la maladie éruptive. Vallot consacre trois pages à l'explication de ce flux d'urine et conclut que le roi, conduit « par une passion extraordinaire d'une belle gloire », a négligé sa santé et épuisé ses forces, jusqu'à ce que « la nature ait commencé à se réveiller pour faire son devoir et pour jeter au-dehors tout ce qui restait d'impureté dans les urines et les intestins ».

Vallot épilogue sur la maladie qu'il avait prévue, suivie, matée jour après jour, comme il l'avait prédit avec assurance, tout en diminuant l'appréhension de son entourage. Le « pronostic m'a donné de la gloire et de la réputation », se congratule Vallot qui oublie son malade pour se laisser aller à sa vanité et à sa suffisance. Anne d'Autriche est si étonnée de cette prodigieuse guérison qu'elle félicite Vallot de la justesse de son jugement. Malgré les incontinences d'urines, les défaillances et les syncopes, Vallot soigne le roi en lui donnant à sucer du pain trempé dans du vin. La victoire de l'émétique fit tant de bruit, que pour conserver la mémoire de cet événement exceptionnel et la guérison d'un roi aussi grand, on frappa une médaille sur laquelle la santé est représentée sous la forme d'une femme près d'un autel entouré d'un serpent, qui est le symbole alchimique de l'arsenic. La légende *rege convalescente caleti* y est imprimée afin de rappeler la guérison de Louis XIV.

Ce ne fut pas la seule célébration de cette guérison. Pendant la maladie du roi à Calais, on fit venir de Paris les reliques de Saint-Roch qui avaient la réputation de guérir les maladies infectieuses. Les échevins de Paris, qui avaient apporté la relique à Calais pour protéger le roi, firent le vœu de commémorer la guérison en faisant une procession le jour de la Saint-Louis et d'assister à une messe dans la chapelle des Tuileries. Cette coutume s'est perpétuée jusqu'à la Révolution. Mais il fallut attendre 1666 pour que l'usage de l'émétique magique fût totalement réhabilité par arrêt du Parlement et devînt la panacée à la mode.

C'est sans doute lors de la scarlatine que Louis se rendit compte du prix de la vie. Se voyant mourir et abandonné des courtisans qui s'étaient regroupés autour de son frère, le jeune roi constata certainement le manque de constance de son entourage. L'incidence psychologique de la maladie le marqua donc autant que les rudes années de la Fronde et contribua au durcissement de son caractère. Car, si la Fronde des Princes avait ébranlé les fondements de la monarchie, elle avait aussi déterminé le caractère obstiné et méfiant du monarque, évident dans son comportement futur. Pendant son adolescence, Louis avait ainsi appris que le métier de roi n'était pas de tout repos. Quand, à l'âge de quinze ans, il rentra à Paris en octobre 1652, après six ans de guerre civile, il avait déjà découvert la honte, la peur, le froid et la faim. Dès 1650, il avait entrepris sa première expédition contre ses sujets et ses cousins. Un an plus tard, peu de temps avant que sa majorité ne fût proclamée, il devait subir les hostilités du Parlement, puis l'humiliation d'être tenu prisonnier au Palais-Royal. Si le sacre en 1654 lui fait prendre conscience de son rôle de monarque, il n'en est pas moins encore dans une position instable et précaire. Aux rudes leçons de la Fronde s'ajoutèrent alors celles du corps qui lui enseignèrent la fragilité de son enveloppe charnelle.

Après la petite vérole, « furieuse et maligne », et la scarlatine qui faillit se terminer mal, la rougeole est la dernière maladie éruptive de Louis XIV que Vallot qualifie « d'héroïque », puisqu'elle mit le roi aux dernières extrémités. En 1663, à l'âge de vingt-cinq ans, le roi contracte la rougeole en veillant la reine qui en était atteinte. Pourtant, à lire les remarques pour l'année 1663, Vallot semblait très optimiste : « La bonne disposition des vents est si avantageuse au commencement de la présente année, qu'il y a sujet d'espérer que l'air ne produira pas tant de maladies. » Et il continue d'épiloguer sur la parfaite santé du roi, la température favorable de l'air, et le peu de travail qu'auront les médecins cette année-là. Mais hélas pour Vallot, les plus grands rois sont sujets comme les autres à la tyrannie des maladies contagieuses.

Appréhendant la rougeole, puisque la reine venait de l'avoir, Vallot saigne et purge le roi, ce qui n'empêche pas celui-ci d'accompagner la reine à Versailles pour y prendre l'air après sa maladie, et du même coup se consacrer à ses nouvelles amours avec Louise de Lavallière. Le lendemain, trouvant en Sa Majesté « une plénitude extraordinaire et un bouillonnement furieux en toute la masse du sang avec un accablement de la nature », Vallot lui ordonne un lavement et, le jour suivant, une saignée. Pendant une semaine que dure la rougeole, Louis subit quatre saignées, trois lavements et une purge.

Or, le rapprochement que l'on pourrait faire entre ces trois maladies hématologiques — la petite vérole, la scarlatine et la rougeole — est la violence des symptômes. La petite vérole est « furieuse », la maladie de Calais est « une furie du mal » qui terrasse le roi et le met dans un « péril extrême ». Quant à la rougeole, « la furieuse éruption » est si grande que le premier médecin n'en a jamais vu de semblable, « Sa Majesté étant beaucoup plus rouge que s'il eut été couvert d'un érysipèle universel ».

Les symptômes prennent des formes si intenses que Vallot pense que le roi ne passera pas la nuit : « Et quoique je parusse ferme et content parmi tant de monde qui tremblait de peur, voyant un si grand prince en un état qui semblait tout à fait désespéré, parce que j'étais seul pour lors dans le milieu de la nuit pour résister à une si furieuse tempête ». La fièvre est ardente jusqu'au délire, les vomissements spasmodiques, les sueurs sans relâche, les mouvements convulsifs, au point que cette frénésie dans la maladie, « la nature exaltée du Roi », inquiète la cour. Mais cette nature royale, quoi qu'en pense Vallot, n'est pas prête à « succomber à la ruine ». Si les saignées que le « sage médecin » impose à « l'impétuosité du sang » du jeune roi ne l'achèvent pas, c'est qu'il a la résistance de ses vingt-cinq ans. Et Vallot, qui est fier de ce « coup d'état et de maître » d'avoir saigné le roi dans un accès de fièvre, consacre deux pages de son *Journal* à se louer de cette « saignée si hardie » que nul médecin n'avait osé prescrire auparavant. La seule preuve qu'il puisse apporter à l'appui est « que la rougeole sortit en une si grande abondance » que tout le monde en fut esbaudi. Le roi reprend courage, il se sent rassuré car les médecins l'assurent qu'il ne mourra point. Tout se termine par la prise de quelque cordial « qui apaise en peu de temps cet orage », et une bonne saignée pour faire évacuer les dernières humeurs de la « furieuse tempête » de la rougeole qui fut emportée par le sang qui « venait avec une telle violence, que l'on eut de la peine à l'arrêter ».

Ce qui frappe dans le déroulement de ces maladies, c'est la rapidité avec laquelle Louis XIV s'en remet. C'est tout juste si l'on parle de la convalescence du roi dont « les forces augmentent à vue d'œil ». Après la scarlatine de Calais, le roi défie les ordres de son médecin, alors qu'il a encore des défaillances et même des syncopes, et part à Boulogne. Quatre jours après, il est à Compiègne où il chasse la perdrix. Après dix jours de rougeole qui le menace d'une prompte mort, le roi est « aussi fort que s'il n'avait point été malade ».

Entre la vie et la mort, pendant la petite vérole en 1647, la scarlatine en 1658 et la rougeole en 1663, il est certain que Louis fit face à la mort et ne dut la vie qu'à sa robuste constitution. Quelle meilleure aubaine que cette résistance au mal pour se faire passer pour immortel ! Il ne restait plus aux médecins et aux courtisans qu'à propager ce mythe.

CHAPITRE II

LE CORPS SECRET

> « Chantons les exploits inouïs
> De notre invincible Louis,
> Qui, septuagénaire,
> Eh bien !
> S'avise encor de faire
> Vous m'entendez bien. »

En 1655, âgé de dix-sept ans, Louis XIV frappe le Parlement par sa déclaration : « L'État, c'est moi. » La même année, il met aussi son archiâtre « dans la dernière confusion et dans un tel accablement » par une indisposition qu'il voudrait bien garder secrète, car « c'était un mal qu'il fallait tenir caché ».

Le mal caché n'est rien d'autre qu'une blennorragie que Vallot appelle l'accident le plus considérable et le plus étrange du monde. Il y perd son latin. Il n'a rien vu de semblable, ni dans les livres, ni parmi les maladies qu'il a étudiées depuis vingt-huit ans. La cause de cette maladie « nouvelle et inconnue » le déroute et lui donne plus d'inquiétude qu'aucune autre, car il n'ose l'expliquer et encore moins la nommer. C'est qu'il fallait délivrer le roi « d'une incommodité de cette nature qui le menaçait de ne pouvoir jamais avoir d'enfants, et d'être dans une infirmité le reste de ses jours ».

Il y a belle lurette que le jeune prince a été déniaisé

par Madame de Beauvais, la vieille Circé de la cour. C'est l'année de ses amours avec Olympe Mancini, et il n'a rien du jeune homme pur « aux multiples vertus, aux belles inclinations », dont « la chasteté et la pureté » ne font aucun doute pour le médecin. En fait, celui-ci n'est pas dupe, mais il ne sait comment affronter un mal d'autant plus honteux qu'il s'applique à un patient royal. On peut comprendre l'embarras de Vallot qui essaye d'expliquer la cause de cette blennorragie, sachant que le roi pouvait à tous moments jeter les yeux sur ce *Journal* tenu fermé dans un cabinet auquel seuls le roi et lui avaient accès.

D'étonnement en « interdiction extraordinaire », et après avoir consulté les plus habiles médecins d'Europe, Vallot se décide à vendre la mèche : « Les chemises du Roi étaient gâtées d'une manière qui donna soupçon de quelque mal. » Il ne le tient pas du roi, mais de son entourage qui, on s'en doute, est bien au courant de la nature de ce mal, quoi qu'en dise Vallot qui cherche par tous les moyens à préserver la chaste réputation du roi. Donc, pour le docte Esculape, il n'est pas question de désigner comme maladie vénérienne « cette décharge qui lui arrivait presque à tous moments, sans douleur, sans plaisir et sans aucun chatouillement ». Vallot présente le roi à dix-sept ans comme un ange d'innocence qui serait resté dans l'ignorance de son mal si son brave médecin ne s'était cru « obligé de lui faire connaître que c'était une incommodité considérable et extraordinaire » dont il fallait se débarrasser.

Mais, comme il faut bien trouver une explication honorable, Vallot ressort l'argument présenté dans son introduction, c'est-à-dire la délicatesse de naissance de Louis, ou plutôt « cette faiblesse aux parties qui servent à la génération », laquelle faiblesse avait augmenté « pour avoir trop monté à cheval, et particulièrement pour s'être rendu un peu trop assidu à faire les exercices de l'Académie et pour avoir voltigé avec un peu trop de passions ». Et comme le prince a toujours eu des dispositions aux exercices, il s'est fatigué et même « a surpassé tous ceux de son âge et même ceux qui étaient plus avancés ». Voilà une explication digne de Diafoirus ! En réalité, si Louis surpassait ses compagnons à la voltige équestre, il était aussi maître de la voltige amoureuse et mettait autant d'ardeur à pourchasser les jardinières de ses assiduités. Le coup de pied de Vénus n'avait donc rien d'étonnant... Exercices de cheval et voltiges de l'Académie équestre avaient meurtri les parties génitales du jeune roi, au point de l'affecter d'une blennorragie telle que « la matière purulente s'attachait si fort à la chemise que l'on ne pouvait ôter les marques qu'avec la lessive ou bien le savon » ! Les considérations du médecin sur les causes de cette infection ne s'arrêtent pas là. Il tente aussi d'expliquer qu'un mal si extraordinaire ne pouvait survenir que parce que le roi avait « une faiblesse des prostates et des vaisseaux spermatiques ».

Après avoir reçu « commandement exprès de ne déclarer à personne une affaire d'une telle conséquence », Vallot suit les ordres venus d'on ne sait qui (sans doute de la reine mère et du cardinal) et garde le secret. Mais comme il lui faut bien éclairer son patient sur ce mal qui lui paraît « extraordinaire et sans exemple », l'archiâtre embarrassé, qui ne nomme jamais la maladie par son nom, entreprend un traitement mal suivi par le roi qui a d'autres chats à fouetter. Ce traitement « fait à bâtons rompus, ne servit que pour arrêter le progrès du mal » et non à le guérir. C'est que le roi n'est pas un patient accommodant. Il n'entend pas perdre l'occasion d'une campagne et suivre les conseils de son médecin qui préférerait qu'il s'arrêtât de guerroyer en Flandre. Pour Vallot, en effet, si le roi interrompt ses remèdes, c'est qu'il s'affaire trop à son État, ou qu'il se livre avec passion à la guerre ou à d'autres jeux, donc il ne peut y avoir de progrès malgré « les forces et les lumières » que Dieu donne à Vallot et que celui-ci ne cesse de louer dans son *Journal*.

Mais comment justifier aux yeux de la cour la médication habituelle appliquée à toute maladie grave : saignée, lavement, purgatif ? Pour dissimuler le sujet qui l'oblige à utiliser les grands moyens, Vallot publie partout « que le roi avait consenti à cette préparation pour mieux supporter la campagne ». Le roi fut donc purgé, saigné, subit des lavements et ingurgita des décoctions balsamiques et de l'eau de pimprenelle pour le fortifier en vue des campagnes de Flandre, mais en fait pour le guérir d'une blennorragie...

C'est à ce moment que Vallot se résout à préparer un liniment, dont il donne la recette, pour frictionner les parties génitales et la poitrine du roi. Mélange d'esprit d'écrevisse, de baume du Pérou et d'essence de fourmis dont les vertus aphrodisiaques sont censées réveiller le sens génital et enrayer toute atrophie musculaire.

En juillet, donc trois mois après le début de la blennorragie, le roi est toujours au même point. Vallot, qui n'est jamais à court d'excuses pour expliquer l'échec de sa médecine, met l'état stationnaire du mal sur le compte de l'impatience du roi à vouloir vaquer à ses affaires, rend responsables les logements incommodes pendant la campagne et l'excès de cheval parce que le roi refuse d'utiliser son carrosse. C'est à ce moment que Vallot offre au roi les panacées à base de sel de mars diurétique ou de laxatif, et particulièrement de poudre de pierres précieuses ou d'yeux d'écrevisses aux effets aphrodisiaques. Il les fait prendre au roi tous les matins « sans que personne n'en eût connaissance », car il ne s'agit pas d'ébruiter le recours à de tels remèdes. De peur que son royal patient ne devienne impuissant, Vallot fait ainsi ingurgiter au roi toute une pharmacopée d'aphrodisiaques, entre autres de la poudre de corne de cerf ou d'ivoire.

En septembre, voyant que le mal ne s'arrête pas, et « après avoir bien examiné toutes choses », Vallot conseille qu'il serait temps que le roi fasse une cure aux eaux de Forges, mais comme il est très prudent, il ne s'avance pas trop à les recommander, de peur qu'il n'arrive quelque accident au roi. D'ailleurs, à part Mazarin et la reine mère, le corps médical est contre l'usage des eaux de Forges. Comme il faut un endroit commode et peu voyant pour cacher le mal, on choisit Fontainebleau. Les officiers du Gobelet organisent des relais pour charrier des tonnelets d'eau de Forges à Fontainebleau, puis apportent à pied des flottées d'eau jusqu'au roi. Cette cure ne dure guère plus de douze jours : le 18 sepembre, le roi la commence et boit huit verres par jour jusqu'au 30 septembre. Le sceptique Vallot, qui n'avait commencé la cure des eaux de Forges qu'après une saignée et une purge, change d'avis, soutenant que ce traitement ne lui valait rien, et qu'au contraire cela lui altérait le pouls, provoquant une légère douleur de tête. L'inconstance de Vallot va jusqu'à saigner le roi après sa cure « à cause des eaux ».

Dans l'incertitude du succès des eaux, Vallot, qui ne veut en aucun cas endosser la responsabilité d'un échec, se rabat sur les bains et lui fait boire six verres d'eau minérale par jour. Il faut dire que l'usage des eaux minérales qui était très répandu à la cour à cette époque n'était pas toujours partagé par tous les médecins, entre autres Guy Patin qui a prétendu que la fièvre dont fut affligé le roi était le résultat des eaux de Forges. Les sceptiques, comme Guy Patin qui pensait que « les eaux minérales font plus de cocus qu'elles ne guérissent de malades », accusèrent Vallot d'avoir abusé des eaux minérales de Forges dont on n'avait pas besoin pour soigner le mal du roi. Jusqu'à cette date, personne ne sait encore la nature de son mal.

Au début octobre, le roi est atteint d'une fièvre double-tierce. L'opiniâtreté de ces fièvres ne surprend pas quand on sait que le roi séjournait en Flandre infestée de malaria. La plupart des gens qui accompagnaient le monarque attrapaient également la fièvre. La fièvre tierce dura neuf jours et passa après trois saignées, six lavements et deux purges miraculeuses qui achevèrent de calmer la fièvre, « qui était causée plutôt par abondance d'humeur, que d'une forte intempérie des entrailles ». Voilà l'archiâtre satisfait d'avoir mis fin à la fièvre, et du même coup d'avoir damé le pion à la « cabale qui avait jeté son feu et vomi son venin » sur lui et sa réputation.

Tout se termine, comme d'habitude, par une bonne sueur et une déjection de selles surprenante. Mais le plus étonnant, c'est que la blennorragie apparue sept mois auparavant disparaît à la même époque. Vallot se flatte d'avoir achevé une guérison « rude et incommode » d'un mal qui aurait pu empêcher le roi de procréer « des enfants que Dieu lui a fait la grâce de lui donner ». Sans pour cela expliquer par quels procédés il est arrivé à ses fins.

Malgré les précautions observées pour tenir le mal caché, Vallot laisse entendre que l'incommodité dont souffrait le roi avait fait grand bruit, « non seulement à la cour, mais en toute la France ». Donc le secret ne fut pas bien gardé et l'affaire fut présentée comme un

simple accident, et non comme une maladie vénérienne due à « un venin que les jeunes gens débauchés
contractent d'ordinaire avec des femmes impudiques,
parce que le roi n'avait pour lors couché avec aucune
fille, ni femme ». A plusieurs reprises, Vallot insiste
sur la pureté et la chasteté du roi qui sont « sans
exemple » et sur la « faiblesse des vaisseaux spermatiques » qui ne peuvent être que la cause du mal.
Malformation de la nature qui n'a fait qu'empirer
avec les exercices violents, les campagnes, les mauvais
logements et la fatigue, ajoute-t-il.

Si, en désespoir de cause, l'archiâtre choisit les eaux
de Forges avec appréhension, « puisqu'elles ne font
aucune mauvaise impression sur les parties du roi »,
c'est qu'il y est encouragé par Anne d'Autriche qui lui
dit que le roi sait fort bien « la conséquence de son
mal ». Doit-on conclure que personne n'est dupe de la
cause de la blennorragie, et que Vallot fait l'âne pour
avoir du son, jouant les incrédules, tout en sachant
pertinemment que « cette cure était presque impossible, vu la grandeur et la rareté d'un mal de cette
nature ». Mal bien commun pourtant !

Est-ce à cause de la guérison miraculeuse du mal
secret que Vallot se réconcilie avec les eaux ? En fait,
prendre les eaux est à la mode au xviie siècle. Les eaux
sont comme des « pénitences » qu'il faut avaler,
écrivait Boileau à Racine, lors de sa cure à Bourbon-
l'Archambault. Il faut se résigner au joug de la
médecine. Madame de Sévigné va à Forges, Boileau
prend les eaux à Bourbon pour guérir sa voix qui se
casse. Il doit se résoudre à retourner à Paris aussi
muet qu'il en était parti. Lassitude et envie de dormir
sont tout ce qu'il en a tiré. En réalité, la plupart des
médecins étaient sceptiques quant aux vertus des
eaux. Guy Patin trouve scandaleux que l'on fasse boire
au roi « de l'eau de lessive ». Pecquet, ivrogne

endurci, médecin de Fouquet et de Madame de Sévigné, traitait la médecine en galant homme et croyait plus volontiers à la médication alcoolique qu'aux vertus des eaux. Vallot, grand buveur, déclare que le vin est un souverain remède, mais cela n'empêche pas ces messieurs de la Faculté d'envoyer leurs patients se morfondre dans les stations thermales.

En juin 1665, alors qu'il n'est plus question de blennorragie depuis dix ans, Vallot essaye de convaincre le roi de prendre des bains de rivière pour le calmer de ses vapeurs vertigineuses. « Le roi se baigne trois fois à la rivière, ne l'ayant pu continuer plus longtemps », sans aucune explication du médecin qui doit sans doute se plier au déplaisir du roi à vouloir se baigner à la rivière. Chaque fois qu'il est question de bains prescrits pour la santé, qu'ils soient de chambre ou de rivière, Louis XIV se lasse de ces trempettes prolongées et y met rapidement fin.

L'année 1665 est l'année des bains. Au mois d'août, le roi prend vingt bains de chambre entre le 7 et le 17, le matin et le soir à sept heures, et il y demeure deux heures à chaque fois. Ce sont sans doute les rares occasions où il ait trempé son corps dans l'eau pour des raisons d'hygiène. On a du mal à imaginer Louis XIV, le perpétuel agité, persévérer dans ces stations immobiles que lui imposaient les bains de chambre quatre heures par jour, sans compter la fatigue et la torpeur qui devaient en résulter. La cure des bains se termine le onzième jour par une purge et deux jours plus tard par une saignée.

Appréhendant les vertiges qui le tourmentent, Louis XIV se résout à suivre les conseils de son médecin quant aux bains de chambre, mais, ajoute celui-ci, « le roi ne s'est jamais voulu accoutumer aux bains de la chambre qu'en cette seule occasion ». Quoi qu'en dise Vallot, qui veut que chacune de ses prescriptions soit une réussite, ces bains n'eurent pas le bénéfice attendu et le roi en est resté au même point, vertiges et vapeurs continuèrent à l'assaillir... Dangeau, toujours méticuleux dans ses comptes rendus journaliers, ne mentionne pas que le roi se soit baigné. Peut-être tenait-on ces bains secrets. A quoi s'occupait-il pendant ces quatre heures de trempette, toujours précédées du bouillon d'opiat et suivies du bouillon purgatif à la sortie ? Fatigué de ces cures qui l'ennuyaient, sans doute y a-t-il mis fin lui-même. La décision royale avait toujours le dessus.

Vallot, jugeant le roi bien préparé par cette cure, une saignée au pied et une purge la veille, lui fait alors boire de l'eau de Saint-Myon et arrête le traitement au bout de cinq jours, sous prétexte que le roi « a mal rendu » les eaux à cause de l'opiat qu'il prenait en même temps. Les eaux minérales ne font aucun effet et le roi arrête d'en prendre au bout de cinq jours parce que « Sa Majesté ne les rendant pas de la bonne manière [...] parce qu'elles ne passaient ni par les selles, ni par les urines ». En fait, indécis et peu sûr de lui, Vallot prescrit les eaux minérales parce qu'il craint l'avis des autres médécins. Pour justifier l'interruption de ce traitement, il se rabat toujours sur l'argument de l'eau « mal rendue » pour arrêter la cure qui se termine par une purge qui est le point final à chaque cure.

En 1669, Vallot propose de nouveau les bains de chambre et de rivière « pour empêcher le retour des vapeurs » de Sa Majesté durant les grandes chaleurs de l'été. Mais on manque d'information au sujet des bains de rivière. Tout ce que Vallot se contente de dire, c'est que les bains de rivière, en partie en juin et juillet, « ont beaucoup servi pour son divertissement et pour le rafraîchir ». Monsieur, frère du roi, appréciait les bains de rivière, mais Dangeau, pas plus que les autres mémorialistes ne les signalent pour le roi. Louis XIV, occupé par ses amours avec Madame de Montespan, passait beaucoup de temps aux divertisse-ments. Les bains de rivière faisaient-ils partie des fêtes champêtres de Versailles ?

En août, comme Vallot appréhende de nouveau les grandes chaleurs, il propose au roi « des bains de la chambre, qui ont fort bien réussi et détourné les orages de ses vapeurs dont il était menacé ». Il ne s'étend pas davantage sur la durée de ces bains, sinon pour signaler « qu'ils ont été pratiqués ponctuelle-ment » et préparés par un bouillon purgatif. Par ailleurs, au mois d'août, à l'époque des bains de chambre, Louis XIV refuse les saignées systématique-ment. A partir de 1669, année qui marque la fin des services de Vallot, le roi n'acceptera plus que les lavements et les purges.

En 1670, Vallot termine son *Journal de Santé* avec des remarques sur l'usage des eaux de rivière et de fontaine. Au retour de son voyage de Flandre en juin, il propose au roi des bains de chambre « qu'après avoir tiré quelques avantages de ces bains », il ordonne à Sa Majesté les eaux salines d'Encausse qu'il arrête de prendre, suite à la mort subite de Madame, sans avoir remarqué de changements notables dans l'évolution des vapeurs. Vallot ne recommande pas les eaux minérales, car elles sont trop « vigoureuses » ou « apéritives », et ainsi portent à la tête et causent des vapeurs ou des étourdissements. Il prend la résolution de ne plus les proposer de quelque nature qu'elles soient et préfère les eaux de fontaine ou de rivière et continue à faire prendre au roi, tous les matins, un grand verre d'eau de fontaine au saut du lit. Mais Louis XIV, qui n'est pas grand buveur, interrompt le régime « pour ne pas accoutumer la nature à un remède si léger et si commun ». Une fois de plus,

Vallot se contredit, puisqu'il ajoute que « Sa Majesté s'est opiniâtré d'en prendre sans relâche ». En fait, quand Louis XIV a ses vapeurs et vertiges, il suit les ordres du médecin et s'en accommode, mais, dès qu'il y a amélioration, il arrête « ce régime de vivre » que préconise sans cesse Vallot, c'est-à-dire de moins manger et de boire plus d'eaux « simples », parce qu'elles « n'ont pas la force de charrier les humeurs et viscosités », mais au contraire, tempèrent et adoucissent les humeurs, rafraîchissent le foie et laissent « une liberté tout entière de faire leur débâcle ».

En 1671, quand d'Aquin reprend la charge de premier médecin, il ne se gêne pas pour critiquer cet usage assidu de l'eau de fontaine qui provoque « l'intempérie des viscères » qui est la cause de tous les maux du roi. Il est évident que d'Aquin cherche à diminuer son prédécesseur, « le pauvre Monsieur Vallot ». En plus, Louis XIV n'entend nullement continuer à boire de l'eau qui ne pouvait que lui fermer l'estomac et diminuer son appétit redoutable.

Pourtant, quand d'Aquin reprend la suite du *Journal de Santé* par les réflexions sur le tempérament du roi, il insiste sur la température excessive de son foie, la chaleur de son sang, la sensibilité de ses esprits qui lui « excitent des mouvements et des passions comme aux autres hommes ». Il parle aussi des « grands besoins de s'humecter et de se rafraîchir », qui augmentent aux époques où le roi se fatigue le plus, dort moins, monte beaucoup à cheval par toutes les intempéries.

Aux dires du premier médecin, le roi aurait arrêté les bouillons rafraîchissants aux herbes et le bouillon de veau chers à Vallot, pour revenir au verre d'eau de fontaine au réveil « pour donner aux autres parties nourricières, la consolation de quelque rafraîchissement ». Quand les circonstances le permettaient, le roi buvait donc de l'eau pure le matin, mais reprenait les bouillons, en particulier quand il campait durant ses campagnes, l'eau de fontaine étant le plus souvent polluée. Le régime d'eau de fontaine au réveil revient dès que le roi est à Versailles.

D'ailleurs, « la diversité des méchantes eaux fait suspendre l'usage salutaire que Sa Majesté a pris depuis quelque temps d'en prendre un grand verre le matin [...] dont la fraîcheur tempère fort la chaleur de ses entrailles ». Le roi était petit buveur et grand mangeur, il en résultait des dérangements intestinaux, des amertumes de la bouche au réveil, sans parler des vapeurs constantes. Dans ces cas-là, d'Aquin incite le roi à prendre le matin un verre d'eau de fontaine « pour mieux détremper la bile » et se défaire ainsi de l'amertume de la bouche, conséquence le plus souvent d'une indigestion ou d'une crise de dysenterie.

En 1675, d'Aquin cite les bains de jambes contre les vapeurs, sans y revenir ou donner de détails sur la fréquence de ces bains. Il se contente de mentionner « un long régime humectant et rafraîchissant, par beaucoup de boissons et de lavements ». Pour le premier médecin, tous les maux qui assaillent le roi en 1675, fièvres, vertiges, maux de tête, fluxions, dysenterie, insomnie, lassitude, viennent de la bile qu'il faut sans cesse humecter. Nous en sommes encore au stade où tout mal est traité par la purge, le lavement ou la saignée.

Il est difficile d'évaluer la régularité de l'usage de l'eau de fontaine, la quantité d'eau que le roi buvait, ou la fréquence des bains de chambre. Après 1676, on n'en parle plus. Fagon, en trente-deux ans de service, ne mentionne l'eau que pour parler des eaux de Barèges et des « quelques verres d'eau à la fin des repas et entre deux », que le roi prit en 1704. D'ailleurs, le nouveau médecin lui conseille de prendre de la tisane de sauge et de véronique pour étancher sa soif et calmer ses vapeurs, au lieu de « l'eau à la glace ».

Si l'eau cesse donc de jouer un rôle important dans les cures médicales du roi, par contre, elle a toujours été l'élément essentiel dans ses plaisirs. Plaisirs de l'œil des fontaines que Lenôtre multiplie dans les jardins de Versailles et de Marly, jeux nautiques sur le grand bassin, promenades en barques. Plaisir des bains dans le somptueux appartement aux bains que Louis XIV fit construire à Versailles pour Madame de Montespan. En effet, en 1670, Louis quitte le rôle d'Apollon sur scène et la gravité de la danse pour se livrer à un autre rôle, celui de Neptune s'ébattant avec la Vénus-Montespan dans un décor de « Mille et Une Nuits », de bronze doré, de miroirs reflétant des déesses, de colonnes de marbre de couleurs aux chapiteaux dorés, de baignoires violettes, d'alcôve parfumée, tout un décor païen pour abriter les extases du roi.

Saint-Simon cite une curieuse anecdote au sujet de La Vienne, baigneur à la mode qui tenait un établissement de bains, et aurait plu au roi par « les drogues qui l'avaient mis en état plus d'une fois de se satisfaire davantage ». En reconnaissance de ses dons, Louis XIV l'aurait nommé premier valet de chambre. Doit-on en déduire que le roi ne dédaignait pas prendre des aphrodisiaques ? Louis XIV avait un cabinet d'apothicaire personnel, où il préparait des mixtures contre les hernies suivant la recette secrète d'un prieur. Pour tromper son entourage, le roi se faisait apporter quatre à cinq drogues qu'il n'utilisait pas, s'enfermait dans son cabinet et se livrait mystérieusement à la préparation de décoctions que son valet était chargé de distribuer. Ce goût pour la confection secrète de remèdes, qui pouvaient aussi bien être des aphrodisiaques, est tout à fait dans le caractère impénétrable du roi qui aimait jouer les mystérieux et intriguer son monde, ou le tromper.

Parfois le roi s'inquiétait de ces rejetons légitimes morts aussitôt nés. Tous ces princes fœtus, et les essais infructueux de maternité chez Marie-Thérèse, attristaient le roi qui se demandait pourquoi ses bâtards se portaient bien alors que ses enfants légitimes mouraient. Son médecin lui répliquait que c'était parce qu'il n'apportait à la reine que « les rinçures de verre ».

Les médecins ne dévoilent aucun détail sur la vie sexuelle du roi, sujet tabou comme on l'a vu à propos de la blennorragie. Sa vie amoureuse a fait couler beaucoup d'encre, mais ses goûts sexuels restent un mystère. On sait par le rythme des communions de la reine que le roi honorait sa femme deux fois par mois, bien qu'il finît toutes ses nuits dans le lit conjugal. D'ailleurs toute la cour était au courant de l'accomplissement marital par la reine qui y faisait allusion et s'en réjouissait. Pendant les dix années que dure la liaison avec Madame de Montespan, la vie agitée que celle-ci lui fait mener, ajoutée aux préoccupations politiques, fatiguent énormément le monarque. L'arrogance et la fureur de vivre de Madame de Montespan l'épuisent. Sans doute les exigences sexuelles de sa compagne idéale, qui l'enchantaient au début, finissent-elles par le lasser.

A travers une vie amoureuse houleuse, on peut imaginer une vie sexuelle non moins agitée, d'autant plus qu'il suffisait qu'une femme tombât amoureuse de lui pour qu'il se crût obligé de l'honorer. Le roi aime l'amour que lui portent les femmes, plus que les femmes elles-mêmes. Cela faisait beaucoup d'autels à encenser pour en tirer l'amour adulateur dont il avait besoin !

Quand Louis XIV se détache de Madame de Montespan, il est déjà sous l'influence de Madame de Maintenon et il a de moins en moins d'amusements féminins. Et pour cause ! Depuis 1686, l'année de la fistule, sa santé s'altère et il a plus besoin d'une garde-malade que d'une maîtresse turbulente. Ses troubles de santé le rapprochent de Madame de Maintenon qui jouera judicieusement son rôle de garde-malade, se dévouant corps et âme pour éviter le retour de sa rivale. Sans doute l'altération de sa santé le rend-elle plus fidèle. Ce qui ne veut pas dire que Louis a perdu tout intérêt pour la chose, car si l'on en croit les dires de Madame de Maintenon, elle dut faire face aux ardeurs de son roi jusqu'à la fin de sa vie. Elle se plaignait de ses constantes assiduités sexuelles, sans cesse harcelée par son confesseur qui lui rappelait ses devoirs conjugaux, lui conseillant de faire avec grâce et par pure vertu ce que les femmes font d'habitude sans mérite et par passion.

On se demande si le confesseur de Madame de Maintenon était au courant des prouesses du roi qui étaient « des choses presque impossibles » auxquelles elle gémissait de devoir se soumettre. Elle se plaignait, à soixante-dix ans passés, de subir les avances du roi tous les jours, et parfois deux fois par jour. La vieillesse charnelle du roi ne devait pas être particulièrement réjouissante pour sa partenaire, mais la chair était le point faible par lequel on pouvait le tenir. L'Église en profitait pour utiliser une dévote et remettait entre ses mains la charge de veiller à ses intérêts et à ceux de l'État, tout en contrôlant la chair vieillissante du roi, même « s'il est difficile de prévoir jusqu'où les maris peuvent porter le commandement ».

CHAPITRE III

LE CORPS PURGÉ

« Toute l'année, il mangeait à souper une prodigieuse quantité de salade. Ses potages, dont il mangeait soir et matin de plusieurs, et en quantité de chacun sans préjudice du reste, étaient pleins de jus et d'une extrême force, et tout ce qu'on lui servait plein d'épices, au double au moins de ce qu'on y met ordinairement, et très fort d'ailleurs. Cela et les sucreries n'étaient pas de l'avis de Fagon, qui en le voyant manger, faisait quelquefois des mines fort plaisantes, sans toutefois oser rien dire que par-ci par-là à Livry et Benoist, qui lui répondaient que c'était à eux de faire manger le Roi, et à lui à le purger. »

SAINT-SIMON

En 1652, Louis XIV a quatorze ans, quand il est question pour la première fois de son « flux de ventre ». Vallot explique succinctement que ce dérangement est dû à un excès de fatigue parce que le roi « a travaillé extraordinairement » et « au-dessus de ses forces ». Un régime et un bon lavement à l'huile d'amande et au miel remettent tout en ordre. En fait, Louis XIV aimait déjà à s'empiffrer, d'où de fréquentes indigestions qui seront un sujet de préoccupation constante pour les médecins et un prétexte à confectionner des recettes de purges et de clystères.

Souvent, le roi devait ainsi garder le lit parce qu'il s'était trouvé incommodé d'une « tension du ventre » suivie « d'un petit désordre pour avoir mangé trop de fruits ». Et comme on ne pouvait réfréner ses caprices culinaires, on y remédiait par le clystère ou le bouillon purgatif qu'il acceptait plus facilement. Vallot n'est pas à cours d'imagination pour inventer des recettes de lavement pour le monarque qui passe de phases relâchées aux phases resserrées, d'où le dilemme pour les médecins dont le rôle est de maintenir l'équilibre du système digestif par les deux panacées qui leur sont connues : la purge et le clystère. Mais ces désordres intestinaux n'empêchent pas le jeune roi de croître en force et de jouir par ailleurs d'une parfaite santé. Quand il faut mettre un holà à ses gloutonneries, Vallot se contente donc de préconiser « une petite abstinence avec un lavement ».

Les vrais problèmes digestifs commencent en mars 1653, après la répétition d'un ballet, quand le roi se livre à « quelques excès de breuvages sucrés et artificiels, particulièrement de limonades, et pour avoir trop mangé des oranges du Portugal ». En plus, « Sa Majesté veut garder religieusement le carême », contre l'avis de son médecin qui sait bien que le roi est très friand de poisson et qu'il en profite pour s'en rassasier jusqu'à l'indigestion. Or, les jours de jeûne représentent près de quatre mois par an et seront la source de ses maux : vertiges, allergies alimentaires et indigestions. Il semble que Vallot confond les « flux de ventre » dus aux goinfreries du roi, et la dysenterie qui sévit durant les campagnes de Flandre et affecte la plupart de l'armée, sans épargner le roi qui souffre de diarrhée pendant huit mois. Pour le premier médecin, la cause n'est pas les eaux polluées, la mauvaise hygiène et les amibes apportées par les armées espagnoles, mais « les fatigues de la guerre ».

Entre les séjours à la cour et la campagne de Flandre que le roi reprend après Pâques, son mal empire « à vue d'œil ». Il refuse de suivre à la lettre les conseils de son médecin et de prendre des remèdes. « L'impatience d'aller à la guerre » est plus forte. Le roi capricieux est un malade récalcitrant qui ne se laisse pas faire aisément et remet à plus tard, c'est-à-dire à son retour à Paris, les prescriptions qui dérangent ses projets. « Sa Majesté aimerait mieux mourir que de manquer la moindre occasion où il y allait de sa gloire. » Elle préfère, pour en finir avec son Esculape qui le talonne, subir un lavement « en descendant de cheval, étant encore tout botté, et en un lieu le plus désolé et le plus incommode de tout le royaume ». Le médecin se plie aux volontés du roi, inventant divers moyens pour faire ingurgiter à son patient quelques remèdes pris à la va-vite entre deux courses à cheval. Le roi est ravi de cette pratique. La seule autre concession que le monarque fasse à son médecin, c'est de s'empêcher « huit mois entiers de manger ni fruits crus, ni salades, ni aucune viande de dure digestion », promesse qui ne dure que le temps de le dire.

En fait, Louis XIV souffrira de crises de dysenterie épisodiquement durant les nombreuses périodes où il sera en campagne. La présence de glaires sanglants, décrits vingt ans plus tard par d'Aquin en 1675, est clairement un symptôme typique de la dysenterie, bien que le médecin n'y voie que « l'effet de la délicatesse de ses parties qui se trouvent aisément blessées par les moindres remèdes ». Comme il faut bien donner une explication à ces dégorgements sanguins, il rajoute qu'un « corps aussi plein que Sa Majesté est souvent en état de vomir quelques glaires sanglants ». Et bien sûr, le lavement reste pour

d'Aquin comme pour Vallot la fidèle panacée qui vide
« ces matières qui croupissaient dans les flancs ».

Du reste, dès l'époque de Vallot, le roi accepte les
lavements sans trop de difficulté. En revanche, il
déteste les eaux martiales censées le fortifier. On le
comprend : l'eau martiale était une réduction d'eau
dans laquelle avait croupi de la limaille de fer mélangée à du jus d'orange pour la rendre plus buvable.
Cette médecine ne pouvait évidemment pas guérir le
roi de la dysenterie. Comme Vallot veut justifier
l'emploi de ses décoctions, il explique que l'eau
martiale avait au moins l'avantage de « disposer au
passage de la matière, de sorte que les autres remèdes
ont produit des effets admirables » : tablettes plus
faciles à avaler, ainsi qu'un spécifique ferrugineux
pour tonifier les parties nourricières et les rétablir
« mieux que dans le passé ». Ses comprimés étaient
utilisés à des fins préventives. Vallot les concoctait
avec d'autant plus d'amour qu'il était un adepte de
l'astrologie et croyait à l'importance des années cli-
matiques ou critiques, au chiffre sept, aux nombres
pairs ou impairs des pilules. Au début de chaque
année, il se livrait à des prédictions fondées sur l'étude
des astres pour prévenir les maladies à redouter.

Les lavements gardent donc la première place dans
les traitements. En quoi consistent-ils ? En 1653,
Vallot donne les recettes de neuf lavements dont les
composants varient entre l'eau de rose, le miel, la
manne, le julep, les décoctions minérales, les graines
de lin et l'huile d'amande douce. Suivant la composition des lavements, ils sont laxatifs, calmants ou
astringents. En général, ils précèdent ou suivent les
saignées. Souvent la purge concluait ce que le lavement avait commencé. Chaque maladie se termine
par la prise d'un bouillon purgatif généralement
préparé avec du séné, de la manne, de la potasse, des

cristaux minéraux, le tout dilué dans un bouillon de veau et d'herbes médicinales. Comme le roi ne supporte plus les saignées, le bouillon purgatif est même employé quand le roi a le hoquet, un saignement de nez ou une fluxion de poitrine, « pour adoucir et arrêter la sérosité piquante qui se jetait sur sa poitrine ». Rien ne vaut un grand nettoyage de l'intérieur pour pallier les maux les plus inattendus, et même les prévenir. La purge est aussi utile pour mettre le roi en de bonnes conditions, avant qu'il ne se livre à de nouvelles conquêtes en Franche-Comté où a lieu la guerre de Dévolution, ce qui n'empêche pas que sa santé s'altère à son retour à Paris à la suite de la dysenterie qu'il avait sans doute contractée durant sa campagne.

Entre la dysenterie et les excès de nourriture, le système digestif de Sa Majesté est bien amoindri. Chaque fête est pourtant une occasion pour festoyer. De ces grands repas viennent les nombreuses indispositions, au point que parfois elles empêchent le roi d'assumer ses fonctions royales pendant vingt-quatre heures, en particulier à Versailles et à Marly. C'est là qu'il organise les fêtes spectaculaires pour éblouir ses maîtresses et la cour, ou pour satisfaire ses goûts ludiques. C'est là qu'il est pris de « syncope stomachique » ou de « flux de ventre fort grand et extraordinaire », surtout à partir de 1660, année de son mariage, quand les fêtes se succèdent jusqu'à la mort de Mazarin en 1661. Elles seront encore plus nombreuses et somptueuses après la prise de pouvoir de Louis XIV : le carrousel des Tuileries en 1662, les fêtes à Versailles en 1664 qui durent sept jours. Le roi est énamouré de Mademoiselle de Lavallière et ne sait qu'inventer pour lui plaire. Chaque fête entraînant force ripailles, il n'est pas étonnant que les flux de ventre à ce moment-là venaient des indigestions plus que de la dysenterie. C'est d'ailleurs à la même époque qu'apparaissent les vapeurs et les vertiges.

Boulimie culinaire, boulimie de travail. Le roi épuise son système digestif comme il épuise son entourage. Le soin d'occuper chaque heure de sa journée comme d'occuper les autres est bien le but de l'étiquette. Le corps devient esclave de l'étiquette : il s'agit de remplir chaque instant de sa vie comme de gaver son estomac, car Louis XIV ne mange pas, il s'empiffre. Même La Palatine, qui n'avait pas sa pareille pour engloutir choucroutes et saucisses, s'étonne de l'appétit du roi, laissant imaginer la quantité énorme qu'il était capable d'ingurgiter. Les jours de diète ou de jeûne, le moindre potage lui ouvre l'appétit. Pourtant ces potages étaient des assiettées de viandes bouillies garnies de légumes, et non des soupes légères. Du corps exigeant qui se bourre de portions pantagruéliques vient le tracas perpétuel des flux de ventre. En plus, le roi n'a pas de bonnes dents, il avale plutôt qu'il ne mâche, ce qui explique en partie sa mauvaise digestion. En 1685, alors qu'il n'a que quarante-sept ans, il ne lui restera presque plus de dents à la mâchoire supérieure et celles du bas seront cariées.

En attendant qu'il s'isole dans son bastion de Versailles, victime de sa propre étiquette, il s'occupe à nourrir son enveloppe. Il trouve consolation dans la boulimie pour pallier le manque intermittent de divertissements, les échecs militaires, les pertes familiales, les déboires de l'État. Il conduit son estomac en despote, comme il conduit sa cour, mais la machine digestive ne suit pas la consigne, pas plus que la machine politique qui commence à se détériorer elle aussi. Son appétit pantagruélique pourrait être interprété comme une marque de fermeté de caractère. Il s'agit plutôt d'un désir violent de braver les éléments, de prouver sa force dans tous les domaines, y compris celui du corps. De même qu'il écrivait quand il était enfant, six fois de suite, pour se faire la main : « L'honneur est dû aux rois, ils font tout ce qu'il leur plaît », comme s'il voulait déjà se convaincre de son pouvoir et de sa force, il prétend aussi se convaincre de sa solidité en nourrissant son corps à coups de gloutonneries répétées. Il suffit de suivre la pathologie depuis 1662, date où commencent vapeurs, vertiges et débâcles digestives, pour comprendre pourquoi ces maux quotidiens ou épisodiques harcèleront le roi jusqu'à sa mort. Son corps, miné par l'effondrement du système digestif, ne parviendra pas à suivre le rythme de la boulimie, car Louis ne connaît aucune modération. Quand d'Aquin prend la relève de Vallot en 1670, Louis a trente-deux ans. Pendant les vingt-deux ans qu'exerce le nouveau premier médecin, le roi ne subit que huit saignées. Il les détestait autant qu'il méprisait l'incompétence de ses médecins, et d'Aquin, en courtisan docile, lui prescrit plus volontiers des purgatifs et des lavements. A cet égard, la pratique d'Antoine d'Aquin est semblable à celle de Vallot, reflétant l'ignardise médicale de l'époque hypnotisée par les vertus du clystère et de la purge.

Plus de quatre-vingt-trois purges et cinquante lavements sont donc notés par d'Aquin dans son *Journal*. En fait, il est difficile de faire un compte exact des lavements signalés comme « plusieurs lavements anodins ». Il semble cependant assuré que les purges étaient plus nombreuses. Souvent, du reste, un lavement précède la purge, et le roi ne s'en porte que mieux après, aux dires de ses médecins. On en arrive aussi à purger le roi tous les mois, ou aussi souvent que le médecin le juge nécessaire. Dans son *Journal*, Dangeau signale ces purges de précaution comme si elles allaient de soi.

Mais lavements et purges ne suffisent pas à contrôler le ventre du roi qui se vidait dans de « grands dévoiements de bile » chaque fois que « le fardeau lui devenait à charge ». Le fardeau de ces excès culinaires incontrôlables reste donc la préoccupation principale des médecins, constamment alertés par les dévoiements du ventre royal occupé parfois la nuit entière à déverser des maelströms de selles. A l'occasion, elles furent si violentes qu'elles « écorchèrent tout le fondement ». Dans ce cas, le lavement à l'huile d'amande douce et au miel servait à réparer les malheurs de la veille. Et puis, on se rabattait sur la purge, car d'Aquin prétend que la vie sédentaire que mène le roi à Versailles, « faute de transpiration lui resserre le ventre considérablement », et que le meilleur moyen de le relâcher est de le purger.

On peut imaginer les journées de Louis XIV qui, aux rares moments de bonne santé, après avoir subi un lavement la veille et une purge le lendemain, devait garder la chaise percée et évacuer « dix fois dans la journée fort copieusement, excréments, bile et sérosités corrompues ». Cependant, cela prenait parfois beaucoup de temps, surtout quand des indigestions entraînaient de grands dévoiements s'étalant sur trente heures. C'est ce genre de « désordre » que d'Aquin appelle « un mouvement critique, excité par la nature et le bon tempérament de Sa Majesté ». Dans de pareilles occasions, qui se reproduiront de plus en plus fréquemment avec l'âge, le roi gardait la chambre, pour ne pas dire la garde-robe, et menait de front ses activités politiques et digestives.

Et, quand il devait partir en campagne, il s'y préparait par une purge suivie d'un clystère et, le lendemain, par un bouillon purgatif qui l'occupait une partie de la journée. La purge était aussi administrée systématiquement à la fin de l'hiver, à l'époque

du dégel, quand la lune était à son déclin. L'importance de la gelée d'hiver est plus d'une fois citée dans
le *Journal*. Si l'hiver est rigoureux et long, la gelée
peut « boucher les pores », empêcher la transpiration
et amasser « quantité de bile recuite brûlée [...] qui
accable les voies respiratoires », écrit d'Aquin.

En effet, renonçant aux croyances astrologiques de
Vallot, d'Aquin se fie au règlement des saisons. Ainsi
« la gelée des hivers a son utilité pour la conservation
de la vie, en ce qu'elle resserre et condense les
humeurs », mais si elle se prolonge de trop, elle
devient néfaste et, « soit en bouchant les pores, soit en
ôtant l'opportunité de l'exercice, charge le corps de
superfluités ». Si le printemps est tardif, les humeurs
résistent à la pourriture, mais si par malheur il se met
à pleuvoir de bonne heure, la pluie et l'humidité
rendent les humeurs coulantes, et celles-ci provoquent
toutes sortes de maux, tels que fluxions, fièvres
putrides, goutte et rhumatisme. En revanche, le soleil
est généralement bénéfique car il raréfie « les
humeurs toutes disposées à s'allumer et à contracter
quelque degré considérable de pourriture ». On croirait lire Molière qui, logeant dans la même maison
que Guy Patin, connaissait bien les Esculape.

Louis XIV, sujet aux cauchemars et au somnambulisme, avait le sommeil agité du gros mangeur dont les
rêveries entrecoupées de « cris et d'agitations » souvent précédaient les flux de ventre. En 1673, d'Aquin
note : « Son sommeil au milieu de tant de santé était
toujours agité et inquiet [...] parlant souvent et même
se levant du lit. » Mais d'Aquin ne fait pas le rapprochement avec les indigestions, ou peut-être ne sou-
lève-t-il pas le problème dans le *Journal* de peur de
déplaire au roi. Pour le médecin, cauchemars et
somnambulisme ne sont que les indices d'une bile
échauffée, ou de « l'effet des grandes affaires » qui

préoccupent le roi. Car c'est en août 1673 que se forme la première coalition contre Louis XIV durant la guerre de Hollande, et ce renversement des alliances n'était pas sans le tracasser. Il se sent angoissé, et le médecin le purge aussitôt pour le débarrasser des « images [qui] repassaient pendant la nuit, et réveillaient les actions de l'âme durant le repos du corps ». On remarque que l'effet de la purge se fait parfois bien attendre, et que le roi est pris « d'une envie de dormir durant l'opération », ce qui allongeait considérablement les séances sur la chaise percée.

A partir de 1679, d'Aquin en arrive enfin à parler clairement de « pure indigestion ». Le roi séjourne à Saint-Germain cette année. C'est, comme tous les séjours dans ses résidences, l'occasion de festins qui mènent dans la nuit « à un débordement de ventre copieux » souvent mêlé de faiblesses, de langueurs et d'envies retenues d'aller à la garde-robe. L'archiâtre s'empresse de fortifier le cœur du roi avec un scrupule de poudre de perles et de la confiture de roses rouges. Nous sommes au printemps et le roi, qui raffole de petits pois et d'artichauts, s'en gave jusqu'à l'indigestion. C'était déjà en 1660 que le roi avait découvert les petits pois, grâce à Audiger qui les avait rapportés de Gênes pour les lui offrir. L'ordre fut donné de les cuire sur-le-champ pour en régaler la reine mère, Mazarin, et le roi qui en fut si friand qu'ils devinrent de rigueur sur la table royale. La mode des petits pois fit fureur en France, ils distinguaient les bonnes tables ; les jardins potagers de Versailles en regorgeaient. Dix ans plus tard, comme les dents manquent au roi pour mâcher, le médecin retrouve dans le pot de chambre « de gros morceaux d'artichauts tout indigestes », ainsi qu'une « grande quantité de légumes et particulièrement de petits pois, qui nous paraissent encore tout entiers ». D'Aquin le met au régime pendant vingt-quatre heures : deux œufs frais pour son dîner et un peu de rôtie au vin et au sucre. Une autre rôtie, c'est-à-dire une soupe au vin sucré trempée de pain, lui permettra après ce jeûne relatif d'attendre un médianoche consistant en un potage fait en général de viande ou de volaille bouillie avec des légumes. Chaque indigestion est alors suivie d'un répit de quelques jours, grâce à ce que d'Aquin appelle « une évacuation nécessaire » de l'engorgement du ventre. Est-ce la naïveté du premier médecin, ou l'ironie, qui le pousse à écrire que « l'appétit du roi en fut beaucoup meilleur » ?

Le système digestif de Louis XIV bénéficie de répits quand surviennent enrouement, toux violente ou bronchite. Sous la menace d'une saignée, traitement qu'il veut à tout prix éviter, il s'abstient de manger de la viande le soir, se contentant d'œufs frais, de gelée, de blanc-manger et de bouillon. Mais ces régimes ne durent pas longtemps et, avec la boulimie, réapparaît l'indigestion. Et se maintient d'autant plus tenace que d'Aquin la soigne maintenant avec de l'extrait de rhubarbe « quand le ventre coulait toujours », et toutes sortes d'autres remèdes qui entretiennent les débordements, tels que des lavements « adoucissants », censés rendre « les matières plus cuites et plus épaisses ». Il aurait mieux valu insister pour que le roi s'abstienne de ses excès de fruits. Mais la peur de déplaire au monarque met les médecins dans l'embarras. Pour trouver des excuses à ses « petits désordres », on se rabat sur des explications où la volonté du roi n'est pas mise en cause. On attribue les dévoiements au fait « d'avoir été à la chasse au grand soleil, dont les rayons fondant l'humeur par tout le corps, la partie bilieuse s'était jetée dans l'estomac et dans le ventre ». Les flux de ventre continuaient à revenir, de quarante-huit heures à une semaine, suivant la violence et la répétition des indigestions. Plus le roi vieillit, plus elles sont fréquentes. Il en vient à dormir la nuit « par intervalles », occupé par des séances répétées à la garde-robe, ou réveillé par des « sécheresses de bouche » qui l'obligent à s'abreuver d'eau coupée de vin.

En janvier 1661, l'ordonnance royale avait détaillé en tous points le cérémonial des repas du roi et le rôle de chaque courtisan de service. Mais en même temps que le roi affirme son absolutisme dans son appétit de puissance, il renforce aussi l'étiquette des repas. Durant les années 80, elle atteint une forme impressionnante, c'est que cette période marque la plénitude du pouvoir royal. Louvois arrive en conquérant à Strasbourg, les princes allemands sur les frontières rendent hommage à Louis le Grand, le Luxembourg est occupé en 1684. Par ailleurs, le temps des maîtresses encombrantes est terminé ; Louis devient dévot et impose à la cour la routine royale de Versailles, strictement coordonnée par un cérémonial difficile à transgresser. La table devient le centre de ralliement, l'autel où le roi officie devant un public soumis et obéissant.

Au petit couvert du dîner, le roi est assis face à la fenêtre, en pleine lumière. Dans un ordre parfait, les trois services, composés chacun de dix à douze plats, sont disposés sur une table carrée, pour le plaisir de l'œil autant que pour celui du palais. Chaque service est présenté symétriquement : les plats principaux sont intercalés par de plus petits contenant les hors-d'œuvre, produits de l'ingéniosité du cuisinier. La même disposition est observée pour les trois services du petit couvert servi à onze heures et les cinq services du souper à six heures. Soit, par exemple, deux soupières centrales flanquées chacune de deux grands plats ; quatre plats moyens aux quatre coins de la table entre lesquels s'insèrent les hors-d'œuvre offrant aussi bien des œufs, des langues de canards, des ris de veau, des petites anguilles que des artichauts, des asperges, des salades. Le premier service comprenait des potages qui tenaient des bouillies de viandes, de volailles ou de gibiers aux légumes dont les jus étaient concentrés et épicés. Suivaient les rôtis et les poissons, puis les desserts.

En 1682, Louis XIV avait établi sa résidence permanente à Versailles. Cette date marque un tournant important dans l'apparition des crises de goutte et la fréquence des dévoiements. Pour la première fois, l'archiâtre écrit ouvertement que tous les maux viennent de « la trop grande quantité d'aliments que le roi prenait à son souper [...] son vin moins trempé qu'à l'ordinaire, et l'usage fréquent de ragoûts pleins de sel et d'épices ».

A la même époque, le langage de d'Aquin tourne vers un verbiage de plus en plus obscur. On se perd dans « les impressions d'intempérie au foie [...] les veines du bas-ventre [qui s'emplissent] de beaucoup de crudités [...] le désordre très grand dans toute l'économie naturelle ». Il supplie Sa Majesté « de moins souper, de ne faire que deux repas de viande les jours de chasse, de tremper plus son vin et de n'user guère de ragoûts trop pleins de sel et d'épices ». Louis XIV dort mieux quand il suit les conseils de son Esculape, mais il revient vite à ses habitudes, et ses indispositions reprennent. Quant à ses autres maux, d'Aquin n'y comprend guère plus qu'avant. Ainsi, il croit toujours, comme Diafoirus, que les fréquentes sécheresses de bouche venaient « de quelque portion de bile qui piquait les membranes de l'estomac, et remplissait l'œsophage, la langue et le palais, d'une vapeur chaude et sèche ».

Quelques années plus tôt, en 1672, était apparue

dans le *Journal* une curieuse boisson dont le roi
semble se délecter : le rossolis, sorte d'eau-de-vie de
vin d'Espagne, dans laquelle infusent des graines de
coriandre, de fenouil, d'aneth et de la cannelle. L'infusion filtrée est mélangée avec du sirop de sucre. Le roi
en boit à ses repas, bien que le premier médecin lui
déconseille d'en faire son ordinaire, le prie d'en
réserver l'usage comme remède occasionnel. En 1682,
le roi commence à en prendre pour calmer des
douleurs cholériques qui le font suer à grosses gouttes,
tant la douleur est violente. Ainsi parmi les panacées
contre les flux de ventre, outre lavements et purges,
s'installe aussi le rossolis dont le roi prend « trois à
quatre gorgées toutes les fois qu'il se sent l'estomac
chargé de viandes ou de vents ».

L'année 1683 est pour le roi une année particulièrement « venteuse ». Les petits pois y sont pour beaucoup. Le roi va à la chaise « pour faire quelques
vents », se plaint d'une « colique purement venteuse ». En mai et juin, saison des petits pois, l'archiâtre, qui voit venir le vent, préconise le « bon régime,
s'abstenant de fruits, faisant un exercice modéré et
mangeant très peu le soir ». Mais si le roi soupe
légèrement « du potage et quelque peu de poulet
gras », il fait mettre sur sa table de chevet un en-cas
d'ailes de poulet pour satisfaire une éventuelle fringale nocturne. C'est d'ailleurs une de ces ailes de
poulet, qui restait de la veille, que le roi offrit à
Molière un matin où l'écrivain assistait à son lever.
Autre mois redoutable est celui du Carême, dont « les
aliments lui sont pernicieux ». Dès 1682, les médecins
découvrent que Sa Majesté ne supporte pas le poisson.
Or, elle s'en empiffre de toutes sortes qui déclenchent
des désastres. En général, jours maigres ou non, le roi
est toujours compulsif dans sa manière de se nourrir,
qu'il s'agisse de poisson, de petits pois ou de fraises.

L'équilibre culinaire ne l'intéresse pas. Il aime ou il n'aime pas. Et quand il aime, il en mange à satiété, jusqu'à ce que la machine digestive n'en puisse plus.

Louis XIV n'est pas un gourmet délicat qui choisit ses plats en fonction d'une harmonie gustative. Il n'est pas gastronome raffiné, mais avaleur inconditionnel de tout ce qui satisfait son appétit pantagruélique. L'étiquette prévoit que le roi mange seul, pendant que sa cour, debout, observe les engouffrements quotidiens du maître. Le roi aime qu'on le regarde manger. L'exhibitionnisme encourage son appétit. C'est une façon comme une autre de prouver sa force et de s'imposer. Le rôle qu'il joue n'en est que plus facile parce qu'il n'a pas besoin de parler. Il lui suffit d'ouvrir la bouche et d'engloutir pour exercer son pouvoir et galvaniser son public. Le roi est avare de paroles qui pourraient dévoiler le mystère dont il aime s'entourer et qui fait partie de son personnage. Manger est donc l'occasion idéale pour se dérober aux questions importunes, éviter d'avoir à formuler ses idées. Pour le roi dévastateur, l'abstinence est synonyme d'impuissance. Pour qu'il se prive de viande pendant quarante-huit heures, il faut que la fièvre le terrasse, ou que les coliques l'épuisent. Aussitôt la crise passée, **Sa Majesté** éprouve le besoin de se restaurer et dévore un pigeonneau de bon appétit.

Quand Fagon prend la charge de premier médecin en 1693, les choses ne changent guère. Une de ses premières remarques commente l'appétit du roi : « Il n'est que très rarement dégoûté, même dans ses grandes maladies, et son appétit dans toutes les saisons et à toutes les heures du jour, est également grand, et souvent il ne l'a pas moindre la nuit, quand ses affaires l'ont engagé à prendre ce temps pour manger, et en général il est plutôt excessif que médiocre. » Quant au ventre du roi, il est d'un naturel

« resserré et quelquefois constipé et jamais lâche que par le trop d'aliments ». On pourrait ajouter les clystères et les purges qui entretiennent un cercle vicieux. Que le roi soit constipé ou qu'il ait une indigestion, le résultat est le même : la débâcle qui tient le roi à la merci de l'obsession anale des Esculape. Fagon redoute les séjours à Marly, lieu de plaisance où le roi aime festoyer, faisant « deux grands repas de poissons [...] soutenus de sauces encore plus mauvaises ». Ainsi, Sa Majesté se trouvant « fort gonflée », le médecin le purge et, par dix-huit fois, le roi rend « une prodigieuse quantité de petits pois verts qu'il avait mangés pendant ces quatre jours de maigre ». De plus en plus souvent, les nuits royales sont interrompues par les flux de ventre qui parfois obligent le roi à garder la chambre quarante-huit heures. Souper et coucher se terminent par des réveils précipités au petit matin et des débâcles qui sont si longues et répétées qu'elles durent plusieurs jours, suivies d'une courte période de diète.

Les cauchemars succèdent aux indigestions : « Le roi, étant depuis trois jours à Marly, se réveilla en sursaut et en rêvant, et fit une grande selle à cinq heures du matin. » Et rien n'y fait, jours maigres et jours de fête, le roi mange et évacue. Les quinze dernières années de sa vie, la cadence inexorable des indigestions « toutes chargées de beaucoup de poissons », ou d'humeurs fermentées par « les huîtres, les sardines et les salerins », réglera son existence, claquemuré à Versailles et à Marly.

Dans l'angoisse des lendemains de ripailles, Fagon veut prendre les devants et préparer la machine digestive à affronter l'assaut des nourritures abondantes. Comme ses prédécesseurs, il purge le roi et lui demande de se contenter de « deux ailes de poulet avec son potage » pour son dîner, ou encore « d'un potage et d'œufs brouillés dans du bouillon, et de biscuits légers et secs, avec du vin d'Alicante », pendant trois jours de suite. Si le ventre royal « coule encore un peu clair et fréquemment », on lui prépare un « coulis de pain » qui sert d'emplâtre. Ces grandes pénitences de cuisine paysanne n'enchantent pas le roi qui préfère les purges et même semble les solliciter avant leur terme ordinaire des fins de mois.

Pourtant, la perte de la matière « d'excréments et de sérosités bouillantes en abondance » perturbe l'emploi du temps de Louis XIV. L'étiquette souffrait quand, en une journée, il évacuait « huit grandes fois avant son dîner, deux fois pendant son conseil et la dernière, une heure après son coucher, d'une humeur épaisse et rougeâtre, pour laquelle il a été quelque temps réveillé ». Les stations à la garde-robe se prolongent de plus en plus et le temps doit suspendre son vol quand le roi œuvre, tenant en haleine la cour qui attend parce que « Sa Majesté s'est tenue plus longtemps sur sa chaise à chaque fois ». Même les distractions sont entrecoupées de fréquents arrêts. La chasse au cerf est abrégée car le roi « fut à la garde-robe avec précipitation et fit une grande selle détrempée et indigeste ».

Le roi devient un automate somnambule qui, encore endormi, se lève « en rêvant pour aller à la garde-robe deux fois inutilement ». Le « lieutenant de Dieu sur terre » ne peut plus contrôler le réflexe du corps qui l'entraîne vers l'inévitable lieu du rejet de l'excrément. Ce somnambulisme répété, « qui marquait le besoin que Sa Majesté avait d'être purgée », sera hérité par le dauphin qui y remédiait aussi par un bouillon purgatif le lendemain. En fait, les agitations nocturnes étaient dues non seulement aux embarras du ventre mais aussi aux tourments occasionnés par le mauvais état des affaires du royaume qui troublent le sommeil du roi. Une nuit, il en « rêva si fort, qu'il se fit mal à la gorge à force de crier et d'appeler si haut quoiqu'on lui répondît ».

Les descriptions du *Journal* deviennent monotones. L'incontinence du corps, qui fait son travail de vidange, commande la routine d'un roi qui, comme d'habitude, « après des repas de poissons, fort amples, fut quatre fois à la garde-robe dans le jour, médiocrement ; mais étant très gonflé le soir en se couchant, il fut réveillé à trois heures du matin, par un besoin pressant de faire une grande selle ; une seconde aussi brune suivit à quatre heures trois quarts ; une troisième à cinq heures et demie, et une quatrième avant huit heures. Le roi recula son lever d'une heure, et, depuis neuf heures jusqu'à deux heures après-midi, il fit cinq selles liquides et âcres ». Seul élément nouveau : la cure à la suée. Fagon fait suer le roi sous une couette pour diriger les humeurs vers les pores, et ainsi libérer le ventre et lui donner quelque répit.

Les cérémonies ne changent rien à cette routine du ventre. Quand le roi et la reine d'Angleterre rendent visite au roi, le médecin retarde la purge calmante à cause de leur séjour, mais ne peut arrêter les allées et venues à la garde-robe. Au milieu d'un Conseil ou d'un dîner, le roi doit quitter la table pour satisfaire la nature. Ainsi, « ayant eu besoin d'aller à la garde-robe en soupant avec le roi d'Angleterre, et s'étant retenu, il eut le ventre gonflé, et se releva deux fois dans la nuit pour faire deux grandes selles, qui ne purent pas néanmoins emporter des vents remontés qui lui donnèrent la colique... ».

Ennui ou flagornerie, Fagon en arrive à traduire cette routine en poésie, liant les débordements du ventre du roi au rythme de la nature : « Cependant la sécheresse des excréments, réduits à la consistance et à la couleur de boudin brûlé, a duré presque toujours jusqu'à ce que l'air se soit rafraîchi et relâché par les pluies qui sont arrivées au commencement du mois suivant, et qui se sont augmentées insensiblement assez, pour bien mouiller la terre et humecter les corps. » C'est que le Roi-Soleil à son déclin se dessèche à la fin de cet été 1704, comme la terre se craquelle sous les rayons ardents du soleil. On doit l'humecter pour détremper les humeurs : « Ayant avalé un plein verre d'eau à la glace en se couchant, les excréments déjà figurés furent détrempés de nouveau et l'obligèrent à faire six selles pendant la nuit. » Sans cette humidité, il rend « des vents secs ».

Les saisons jouant un rôle de plus en plus important dans la médecine de Fagon, on ne purge pas le roi aux moments des grandes chaleurs de juillet ou d'août, on temporise jusqu'à la fin de l'été. De même que la terre, le roi attend les pluies d'automne pour prendre sa purge : « Par un orage qui a humecté et rafraîchi l'air, Sa Majesté a pris son bouillon purgatif le 1er du mois de septembre, dont elle a été purgée de neuf grandes selles, et depuis elle a dormi tranquillement. » Les meilleures purges sont administrées quand le temps est à l'humidité : « Le roi a été purgé le 2 avril, le temps étant humide et convenable par les vents tournés au midi, et la pluie très abondante qui l'avait précédé. » En revanche, « le froid et l'âpreté de l'air » d'octobre resserrent le ventre, comme les premières gelées contractent la terre. Le roi s'en trouve soudain constipé et d'humeur mélancolique : « Sa Majesté fut trois jours sans aller à la garde-robe, et dans presque tout le reste du mois, elle y fut fort peu et de matières fort dures, lesquelles [...] donnèrent des douleurs sourdes et vagabondes à Sa Majesté, et se poussèrent même jusque dans les bourses et le voisinage. » Les vents d'automne! C'est en vain que pour y remédier, le roi porte un linge chaud sur le ventre pour l'amollir et le décharger de ses vents, ou qu'il retourne à la chaise pour « se débarrasser le ventre d'une tempête de vents ». En vain prend-il une infusion de sauge et de véronique pour rendre les vents par la bouche. Les vents deviennent un sujet d'angoisses qui l'obligent à se mettre sur la chaise au sortir de la table, ou à se coucher jusqu'à ce qu'ils passent « par la bouche et beaucoup par en bas ». Le roi s'inquiète, se présente à la chaise, sans rien y faire, délaisse sa promenade dînatoire dans ses jardins pour revenir avec précipitation déposer l'œuvre « détrempée, bouillante ». Les vents entraînent une perte de la matière si abondante qu'il n'est plus question de parler de selles, mais de « bassins » qui sont pour le moins « prodigieux, en débâcle ».

Jusqu'à sa mort, le ventre du roi passera par des phases relâchées ou resserrées. Comme il refuse les lavements depuis son opération de la fistule en 1686, les purges se succéderont et leur fréquence rythmera le déclin de la machine digestive qui devient de plus en plus paresseuse avec l'âge. Des périodes de constipation qui bâtissent « la digue », ou bouchent « par un encroûtement de matières épaisses », alterneront avec des décharges volcaniques dans lesquelles les matières « en pelotons », ou « en rochers » de la digue, laissent la voie libre à un écoulement de sérosités comme un fleuve de lave.

Le roi se renferme dans son enveloppe maladive et se résigne à sa déchéance intérieure. Ses seuls divertissements sont les repas qu'il engloutit. Sa gloutonnerie s'était déjà accentuée à partir de 1685 quand il avait épousé cette « ratatinée » de Madame de Maintenon, comme l'appelait La Palatine. Sans doute s'étourdissait-il de nourriture pour compenser ses manques sexuels. Mais voici des raisons supplémentaires : l'hécatombe de la race des Bourbons qui commence avec le grand dauphin apoplectique qui meurt de la petite vérole. Le duc de Bourgogne, bossu, contrefait et prognate, sera emporté par une fièvre infectieuse pernicieuse, suivi de près par sa femme. Le duc de Bretagne mourra de la rougeole. Le duc de Berry, de constitution fragile et contrefait, mourra des suites d'un accident de cheval. La mort de cette descendance royale affligée d'infirmités laisse le roi désemparé, accablé par la fatalité qui s'acharne à détruire ce qu'il a de plus cher.

A partir de 1704, le ventre du roi monopolise le *Journal*. Fagon semble être fasciné par l'évolution de la machine digestive. Il en devient lyrique à force d'en observer les maelströms qui parfois durent quarante-huit heures, ponctués de « tempêtes de vents » : « En deux fois vingt-quatre heures, le roi fut vingt-cinq fois à la garde-robe, et fit, en outre les excréments bouillants, indigestes, et les aliments précipités sans coction, plusieurs selles d'humeurs, pures et très âcres ».

On remarque que, contrairement à ses prédécesseurs, Fagon use d'un vocabulaire très coloré pour décrire les œuvres du roi. Inspiré peut-être par le même génie qui lui faisait assimiler les fonctions digestives du roi au rythme de la nature, il s'emploie à peindre la matière fécale avec une sensualité évidente. Il se laisse entraîner par un flux d'adjectifs colorés, imagés. La matière peut être « jaunâtre, grenelée comme certains miels communs ont accoutumé de l'être ». L'odeur peut être « fort puante » ou « de corroyeur très forte ». La matière peut « cuire le fondement », être « bouillante, écumante », ou en « bouse de vache ». Devant les grandes selles, il s'émerveille de ce qu'il y paraissait « la chair succulente des faisandeaux et des perdreaux ». Car, si le roi ne mange pas de venaison, par contre il se rattrape sur le gibier à plumes.

En 1708, le roi a soixante-dix ans et passe de plus en plus de temps à la garde-robe, « étant chaque fois près de trois quarts d'heure sur sa chaise ». Durant les sept dernières années de sa vie, Fagon parle du nombre de bassins remplis plutôt que du nombre de selles tant la matière prodigieuse « rendue en cinq bassins quasi pleins, [qui] auraient fourni de quoi compter quatorze ou quinze selles », au point qu'il ne peut plus dénombrer ces dévoiements « d'excréments au-delà de tout ce qu'on n'avait jamais vu ». En 1709, année de famine et d'austérité, le roi fait fondre sa vaisselle d'argent, supprime les étrennes de la cour. Mais le dîner du roi demeure toujours aussi copieux : « Outre les croûtes, le pain mitonné en potages et les viandes fort solides..., [il] combla la mesure à son dessert, avec des vents faits avec du blanc d'œuf et du sucre, cuits et séchés au four, force confitures et des biscuits bien secs ; ce qui, joint à quatre grands verres en dînant, et trois d'eau sortie de la glace, après dîner, donna sujet au roi de se plaindre. » Le roi se leva plusieurs fois cette nuit pour décharger jusqu'à vingt selles, dont certaines « de bile exaltée », que le roi appelle la selle rouge et que Fagon considère comme la phase finale et satisfaisante de toute séance sur la chaise percée. La selle rouge n'étonne pas, car le roi devait avoir des hémorroïdes, bien que les médecins ne les mentionnent pas dans le *Journal*. De plus, apaisé par le bas, le roi souffre de vapeurs par le haut. Comme il dort la bouche ouverte, son sommeil en est troublé, et il s'en trouve morfondu. Le ventre règle les humeurs de la tête.

Pendant les dix dernières années, il n'y a plus de grand coucher et la cour est finie après le souper. Le roi se retire dans les appartements de Madame de Maintenon où il passe la plupart de son temps. Le relâchement de l'étiquette allait de pair avec celui du corps. A côté de la chambre de sa femme, il y avait une garde-robe installée dans un cabinet où Louis XIV s'extériorisait quand il ressentait un besoin pressant. On trouve tout à fait naturel qu'il se rende chez Madame de Maintenon « où il fit à huit et à dix heures deux selles très indigestes et puantes ». Car à cette époque, le ventre du roi s'ouvre et se vide d'amas de matières corrompues, à toute heure du jour et de la nuit, sans aucun contrôle de la machine digestive, ce qui parfois retarde l'entrée des courtisans dans sa chambre pour laisser la machine faire son œuvre.

Il est curieux que même à ce moment, alors qu'il mange toujours trop, le roi ne vomit presque jamais. Malgré les sueurs froides, le pouls qui baisse et les angoisses, il ne réussit pas à dégurgiter. Même le secours de l'eau chaude n'y fait rien, « quoique aidé des doigts dans la gorge ». Les liqueurs spiritueuses, sortes de vomitif, ne sont pas recommandées par le médecin qui les rejette de crainte « d'échauffer » ou de « faire bouillir les matières qui risqueraient de tourner en mousse, ce qui l'aurait empêché de se vider ». On croirait entendre parler d'un alambic mal réglé. Il faut « délayer sans faire bouillir », en buvant de l'eau pour que le ventre ne gonfle pas, mais se détrempe, sinon la matière serait « d'une puanteur cadavéreuse excessive, qui se faisait sentir davantage à mesure que l'amas de viande de gibier, entassée sans pain et presque sans être mâchée, qui avait croupi longtemps, se remuait pour se vider ».

En 1711, le roi est bien bas, perclus d'infirmités : goutte, gravelle, menace d'apoplexie, mélancolie, vapeurs, vertiges, et toujours la faiblesse de la machine digestive qui n'arrive pas à garder le rythme, tantôt constipée, tantôt livrée aux décharges débordantes qui prennent de plus en plus d'importance avec la vieillesse, ne laissant pas de répit au roi, troublant ses nuits, empuantissant sa chambre. Même quand il prend plaisir, entre deux bassins, à couper lui-même ses ongles de pied, « en mettant une jambe sur la cuisse de l'autre », ce geste lui presse le ventre, provoquant des langueurs, des sueurs froides, des envies de dormir, des faiblesses et une disposition à s'évanouir. L'archiâtre explique ces symptômes par « ces matières arrêtées, refluant vers l'estomac et empêchant ce qui s'en devait vider de sortir ». De plus en plus mélancolique, abattu et passif, Louis vit à la merci du corps médical qui le maintient dans le cercle vicieux de l'obsession anale entretenue par ses purges répétées. Fagon finit par considérer comme tout à fait naturelles les séances à la garde-robe, parfois neuf fois en dix heures. Quand le ventre du roi est resserré, aussitôt on s'affaire autour du pot vide pour décider quelque nouvelle purge. Qu'il soit constipé ou qu'il ait une indigestion, le roi est toujours à la merci des médecins.

L'obsession anale de Fagon était sans doute parta-gée et entretenue par le roi qui, déjà enfant, « se mettait alors sur sa chaise percée, parfois vingt minutes », rapporte Dubois. Être le porte-coton du roi n'est-il pas une fonction aussi importante que celle d'être porte-bougeoir du coucher ? Le petit coucher est le moment où le roi s'installe sur sa chaise percée. Souvent, il se met en posture, non par nécessité, mais par pure cérémonie pour faire plaisir au petit monde des courtisans qui ont l'ultime privilège de la vue et de l'odeur de la dernière défécation royale. Tout ce qui touche au corps du roi a du prix. Seuls les gentils-hommes de la chambre qui payaient des brevets de soixante mille écus et plus avaient l'honneur d'assis-ter aux besognes les plus basses du monarque.

Que Louis XIV, malgré sa robustesse, ait résisté aux traitements de ses médecins, cela tient du miracle.

L'autopsie montrera la dilatation anormale du gros intestin par l'excès des laxatifs et des clystères infligés au roi toute sa vie. Les mémorialistes ont vanté l'appétit du roi, sans toutefois se pencher sur les troubles intestinaux qu'il entraînait, ni sur les causes de cet appétit titanique. C'est que Louis ne se contente pas de s'empiffrer, il ne supporte pas les petits appétits, surtout chez ses maîtresses. Les femmes doivent être non seulement belles et spirituelles, mais faire preuve d'un solide appétit. Le roi ne mangeait pas entre les repas — comment son estomac rassasié aurait-il pu en supporter plus ? — mais il aimait empocher dragées, biscuits et pâtes de fruits pour régaler les dames qui l'accompagnaient dans son carrosse. Malheur à qui s'avisait de les refuser. Louis ne montre aucune compassion pour les faiblesses d'autrui, et en particulier pour les femmes qui sont les premières victimes de sa tyrannie. Ne va-t-il pas jusqu'à ignorer les besoins naturels qu'elles pourraient avoir dans son carrosse, alors que lui ne se gêne pas pour se soulager au coin d'un bois ?

Sa nature boulimique n'est pas réduite à la table, elle transparaît dans toute son œuvre : la manie de construction monumentale, le goût de la peinture grandiloquente, du faste ostentatoire, l'amour du détail décoratif, de l'accumulation, de la collection. La boulimie n'est-elle pas le revers de sa mégalomanie ? Posséder à l'intérieur comme à l'extérieur, remplir et maîtriser l'espace dans un décor olympien au service de la monarchie sont les signes d'un état d'anxiété que la table compense autant que les constructions de Versailles et de Marly.

CHAPITRE IV

LE CORPS ÉTHÉRÉ

« Il avait des vapeurs quasi comme les
dames. »

PRIMI VISCONTI

Vers la fin août 1659, sur la route de Saint-Jean-de-
Luz où aura lieu son mariage, Louis XIV séjourne
quelques jours à Bordeaux. Il se trouve incommodé
« de petits et légers étourdissements », suivis de
lassitude, de tension du ventre et d'envies répétées
d'aller à la garde-robe. Ces étourdissements, qui
semblent disparaître, reviendront cependant et tour-
menteront le roi sa vie durant. Sous forme de vertiges
accompagnés de maux de cœur, migraines, faiblesse
et abattement, ils resurgissent en 1662, un an après la
prise de pouvoir.

En cette année 1662, le jeune Roi-Soleil, à la
recherche de sa gloire et bien déterminé à travailler à
sa grandeur, se prépare avec application et maîtrise
de soi à être en tout point le maître de son univers. La
volonté, qualité qui affirme la personnalité du roi, est
le trait essentiel qui marque chaque acte royal. Mais
cette volonté, contrecarrée par les exigences du pouvoir, l'étau de l'étiquette qu'il s'est créé et la marche

des événements, a des failles, des soubresauts, des moments de conflits qui se manifestent sous forme de vertiges, de vapeurs et de migraines.

Les exploits glorieux, soulignés de grands élans ludiques, sont souvent les points culminants des étourdissements. Le carrousel, organisé aux Tuileries en 1662 pour plaire à Louise de Lavallière, devait marquer le triomphe de la prise de pouvoir et flatter l'ambition royale : le soleil est choisi comme symbole. Or, Apollon-roi a quelques difficultés à assumer sa gloire. La façade est dure à tenir devant des milliers de personnes venues de tous les coins de France pour assister à son triomphe. Une faille se produit par où se glissent les vertiges et les migraines. Sans chercher à en comprendre les causes, Vallot pense en débarrasser le roi avec un opiat de sa confection composé de fleurs de pivoine, de roses rouges et de perles qui sera sans effet.

Même scénario en 1664 lorsque, au plus fort de ses amours avec Louise de Lavallière, Louis XIV lui offre à Versailles le grand divertissement des *Plaisirs de l'Isle enchantée*. C'est un ingénieux conte de fées qui permet au roi d'éblouir, de se faire aimer et admirer pendant une semaine. Dans sa description des *Plaisirs de l'Isle enchantée*, Félibien note que le roi fut pris d'une fatigue extrême le deuxième jour, au point qu'il ordonna à Molière de finir de jouer sa pièce au plus vite. Par contre, Vallot note que le roi se trouve incommodé « d'une pesanteur de la tête, accompagnée de mouvements confus, vertiges et faiblesses de tous les membres » que le médecin met sur le compte « d'un exercice rapide et turbulent, pour avoir été en une glissoire, qu'il avait fait faire exprès dans son parc de Versailles pour son divertissement ». Bien que le terme d'épilepsie ne soit jamais mentionné, on pourrait être tenté de faire le rapprochement entre les

symptômes épileptiques et la description de Vallot
« des mouvements confus, vertiges et faiblesse de tous
les membres », ou de « petites attaques » qui trou-
blaient souvent la santé du monarque. En fait, ces
désordres étaient plutôt dus aux exubérances et aux
plaisirs qu'il fallait mener de front avec l'étiquette et
la machine politique. Les cinq cent mille livres que
coûtèrent les festivités de 1664 commençaient peut-
être à inquiéter Louis, d'autant plus que la rumeur
publique critiquait fort ses fastuosités. Mais à l'âge de
vingt-cinq ans, il montre déjà cette application obsti-
née à ses projets politiques autant qu'à ses plaisirs.

Le roi continue à ressentir les mêmes incommodités
par intervalles jusqu'à la fin de l'année 1664. Opiats,
eau de pimprenelle, bouillons rafraîchissants, et
même bains de rivière durant les grandes chaleurs,
n'y font rien, « ce soulagement n'étant point parfait et
de longue durée ». En désespoir de cause, on essaye en
vain le thé, puis des décoctions de graines de coriandre et de grenade dans de l'eau sucrée, et même de la
teinture de lave mélangée avec des pelures de
pommes, mais il n'en ressent aucun soulagement et
s'en dégoûte, autant que des eaux aigrelettes et
gazeuses de Saint-Myon. Pour soulager les vapeurs, on
propose alors au roi, qui est bon nageur, des bains de
rivière l'été, ainsi que des bains en chambre l'hiver,
précédés de son opiat et suivis d'un bouillon purgatif.
Dans l'appréhension de l'incommodité, Louis XIV
accepte ces baignades, mais au bout de huit jours, il se
lasse de ces panacées qui ne mettent pas fin à ses
tourments : vertiges, vapeurs, migraines demeureront
jusqu'à la fin de ses jours. Ces symptômes persistants
inquiètent le premier médecin qui y perd son latin et
n'arrive pas à délivrer le roi de la tyrannie des
vertiges. Comme il faut bien trouver une explication,
Vallot s'en prend au « grand travail d'esprit » des

affaires du royaume (il n'en est pas loin !), et se creuse la tête à fabriquer des breuvages, des sirops d'orgeat, des eaux de mélisse mélangée à de l'esprit de vitriol, et même des lavements d'orgeat. Toutes ces tisanes où fleurs de pivoine, essence de cyprès, roses rouges se mélangent aux concoctions de perles, corail, limaille de fer, vitriol, cristal minéral et autres préparations sudorifiques, ont la vertu de « désopiler les parties nourricières et de fortifier l'estomac », mais n'assurent pas une santé parfaite au roi.

Après la mort d'Anne d'Autriche en 1666, la cour, libérée de ses censures, se détend dans les fêtes et divertissements qui se prolongeront durant les glorieuses années 60, celles qui ouvrent l'ère des grandes conquêtes. Le roi affirme son goût du geste ostentatoire, les coups d'éclat, l'orgueil à vouloir régir l'univers, imposant les droits français de préséance, humiliant le pape, méprisant l'empereur d'Autriche, achetant des alliés, prêt à casser la paix des Pyrénées pour en exploiter les avantages, bref menant une politique d'intimidation pour prouver sa supériorité. Comme l'écrit si justement Pierre Goubert : « Son rêve de gloire était naturellement militaire ; pour lui, la victoire dans la magnificence constituait le but suprême ; l'ordre, et surtout la richesse n'en étaient que la condition seulement matérielle, ou les agréables suppléments. »

En 1668, le traité d'Aix-la-Chapelle met fin provisoirement à la guerre de Dévolution contre l'Espagne ainsi qu'à la Triple Alliance de la Hollande avec l'Angleterre et la Suède. Louis XIV, après une suite de victoires, retourne à Versailles célébrer la paix et les nouvelles conquêtes de Flandre. Aussi préoccupé par sa gloire militaire que désireux d'éblouir Madame de Montespan, qui a enfin cédé après l'avoir fait languir près d'un an, le roi se dissipe sans doute trop dans une succession de festivités étourdissantes. Vallot ne mentionne pas, bien sûr, les intrigues amoureuses du roi et les nombreuses fêtes de Versailles qui durent préparer le retour aggravé du mal. La vie à Versailles mène aux plaisirs, et, en 1670, réapparaissent angoisses et vertiges. En fait, Louis XIV a déjà des étourdissements en 1668 quand il est en campagne en Flandre et en Franche-Comté, surtout quand la cour suit le roi dans ses déplacements. Mais c'est à Saint-Germain, Chambord, Marly ou Versailles, que le roi éprouve le plus d'agitations d'esprit, la tête chargée d'étourdissements. En janvier et février 1670, les répétitions du ballet royal qui occupent beaucoup Sa Majesté, ainsi que le souci du traité d'alliance secrète avec l'Angleterre, ne sont sans doute pas étrangers à une poussée de vertiges « accompagnés de quelques défaillances et syncopes stomachiques ».

Les vapeurs disparaissent de nouveau quand le roi part pour la Flandre en avril 1671. « Sa Majesté jouit d'une parfaite santé » pendant les trois mois que dure la campagne, jusqu'à la mi-juillet où la cour se retrouve à Saint-Germain. Bouleversé par la mort de son second fils, il est harcelé par les « fâcheuses vapeurs ». Un mois plus tard, l'irritation que lui causent les excès du comte de Lauzun qui rompt son mariage avec Mademoiselle de Montpensier, entraîne une rechute, et même des saignements de nez. Le roi, qui pourtant n'était pas sujet aux emportements, fut si exaspéré qu'il cassa le bâton de commandement du comte en sa présence. A part de très rares sautes d'humeur, le roi savait peser ses mots et se contrôler en public. Femmes et hommes lui étaient soumis, il n'avait qu'à désirer pour que les gens talentueux, dont il savait s'entourer, fassent marcher la machine versaillaise. Le travail arrivait tout préparé sur sa table, il n'avait plus qu'à l'approuver, car, disait-il, « la décision a besoin d'un esprit de maître ».

Pourtant, malgré son apparente fermeté, le roi a des moments d'insécurité, de manque d'assurance et de spontanéité. Pris au dépourvu par une question abrupte, il se retranche derrière le fameux « je verrai », si souvent répété quand il lui faut trancher un dilemme. Le côté faible du roi se révèle aussi dans ses relations avec Madame de Montespan qui est la seule femme qui sait lui tenir tête. Elle est aussi arrogante et imbue de sa personne que lui, aussi tolérante envers elle-même que peu indulgente pour autrui. La superbe Athénaïs convient bien à ses désirs du moment. Mais en lui apportant l'esprit pétillant, la beauté hautaine et la passion sensuelle en harmonie avec ses aspirations glorieuses, elle n'en sera pas moins une source d'angoisse constante pour le roi pendant les dix années de leur liaison tumultueuse. Déjà en 1669, la naissance du premier fils de Madame de Montespan fait éclater le scandale de la double liaison du roi qu'il n'est plus possible de cacher, bien qu'il garde Louise de Lavallière, dont la présence est utile pour couvrir ses nouvelles amours et éviter les esclandres du jaloux Montespan. Athénaïs, comme son royal amant, avait des vapeurs. C'est que le xviie siècle est le siècle des vapeurs, souvent appelées « tournements de tête ». On les attribuait à l'abus des corsets, au mauvais régime, aux purgations, aux saignées, ce qui était le cas du roi. Elles étaient associées à l'ennui, la neurasthénie, la mélancolie qui faisaient sombrer dans une sorte d'anéantissement de soi et enlevaient toute force de réaction. On peut se demander si, dans le cas du roi, les vapeurs n'étaient pas aussi d'ordre psychosomatique.

En tout cas, dès 1669 et 1670, les vapeurs sont le sujet principal des inquiétudes de Vallot, et quand

d'Aquin le remplace en 1671, ses premières remarques
sont consacrées aux vertiges de son royal patient. Il ne
trouve rien de mieux à prescrire que lavements et
bouillons purgatifs pour calmer l'anxiété du roi car
« le moyen le plus assuré de défendre le cerveau est
celui de vider souvent les ordures du bas-ventre ». Les
purgations les plus vigoureuses étaient conseillées
« particulièrement depuis que Sa Majesté a été sujette
aux tournoiements de tête » qui se succédèrent après
la mort de son troisième fils légitime. Le roi, quoique
préparé à la perte de cet enfant dont l'espérance de vie
n'était guère fondée, s'en ressentit d'un grand échauf-
fement et « saigna du nez contre son ordinaire ». Il en
eut l'humeur si remuée que les vapeurs « lui montè-
rent à la tête et passèrent par les oreilles » et que son
sommeil fut inquiété de cris et d'agitations.

En 1672, Louis XIV est très préoccupé par la guerre
avec la Hollande, la conquête de la Franche-Comté, sa
décision d'affirmer son droit de régale dans tous les
évêchés du royaume, ses amours tumultueuses avec
Madame de Montespan. Les affaires du royaume le
talonnent, et il se sent « à diverses reprises pressé de
vapeurs qui l'affaiblissaient dans ce moment ». L'accumulation des responsabilités qu'il a du mal à
assumer, face à la première coalition montée par
Guillaume d'Orange, est sans doute pour beaucoup
dans ces vertiges. En effet, le début de la guerre avec
la Hollande fait entrer l'Empire et ses alliés dans l'ère
des coalitions contre la France en 1673, date que
choisit le roi pour partir en grande pompe assiéger
Maestricht. Le trésor royal est vide, les manufactures
royales en pâtissent, le déficit de huit millions ne fera
que s'agrandir malgré l'augmentation des impôts et la
vente de nouveaux offices pour alimenter la machine
de guerre. L'année 1674 est aussi marquante que
dispendieuse : la construction des somptueux appar-

tements des Bains à Versailles, du château de Clagny pour Madame de Montespan, bagatelle qui coûtera la somme de deux millions de livres, n'arrangent pas les finances. Malgré les fêtes féeriques de Versailles pour célébrer la victoire sur l'ennemi contraint de se retirer derrière le Rhin, le roi a du mal à cacher ses malaises.

Débarrasser le cerveau du Roi-Soleil des vapeurs ou des migraines devient un casse-tête quasi quotidien pour les médecins, à quoi s'ajoute la peur de déplaire au monarque qui ne se fait pas d'illusion sur leur incompétence. Ils en viennent à diminuer les lavements « qui ne font jamais aucune chose », et se rabattent sur les bains de jambe ou les purges pour vider le roi de la « plénitude d'ordures qui s'échauffe et fume dans le bas-ventre ». Pour les Diafoirus, quel que soit le mal, il ne peut être extirpé que par la souveraine purge.

En janvier 1675, Louis XIV doit faire face aux soulèvements dans diverses provinces, en particulier en Bretagne où on se révolte contre le papier timbré et les nouveaux impôts. Il s'est lancé dans des dépenses considérables à Versailles et doit soutenir des guerres coûteuses. Le roi est pris d'une vapeur violente qui lui fait tourner la tête, lui laissant des faiblesses dans les cuisses, un frisson dans la peau toute la journée. Il en est si tourmenté qu'il crie et parle dans son sommeil. Il ne vient pas à l'idée des médecins que l'augmentation des vapeurs pourrait être la conséquence des préoccupations qu'occasionnent les mauvaises affaires de l'État. Ils en rejettent la faute sur le manque d'exercice et de promenades à cause de la gelée, du vent ou de la pluie qui remplissent le cerveau du roi d'un « grand appareil d'humidité ». Les médecins admettent rarement que les « agitations d'esprit que les mouvements du cœur et de la gloire excitent » soient la cause des vapeurs qui sont les signes avant-coureurs des migraines mêlées de nonchalance, tristesse, chagrin, faiblesse de jambes, insomnie, et parfois de fièvre. Tous ces accidents sont mis sur le compte de « l'humeur mélancolique » du monarque qui fermente dans la rate et se fixe dans le cerveau qui en est gorgé.

D'Aquin invente alors un nouveau bouillon purgatif que le roi ingurgite en désespoir de cause. Parfois Sa Majesté se rebiffe, s'opposant aux bouillons « rafraîchissants » de veau, de poulet et d'herbes, se lassant de ces breuvages insipides qu'on lui impose, alors qu'il est amateur de nourriture consistante, « persuadé qu'il est que cet usage n'est pas propre aux vapeurs qui l'ont tourmenté si cruellement ».

Sous sa belle prestance, le roi cache une réelle faiblesse. Il est parfois incapable de maintenir un galop plus de deux lieues. Les dix années du règne de l'impétueuse Montespan, de 1668 à 1678, sont éreintantes pour Louis. Les divers philtres de « poudres pour l'amour » dont elle abreuve le roi ne peuvent que le déséquilibrer, augmenter ses vapeurs, et même provoquer des maux de tête violents, « toutes infirmités qui se tournent en habitude ». Peut-être est-ce aussi la raison pour laquelle le roi se trouve tous les matins la bouche amère et la langue pâteuse. A partir de 1672, il éprouve le besoin de boire plus, sans doute parce que les aphrodisiaques lui donnent des bouffées de chaleur, et la pharmacopée des Diafoirus n'améliore pas son état. Louis ne s'informait pas des remèdes qui entraient dans ses purgations, écrit d'Aquin en 1673. Il était donc facile pour Madame de Montespan d'y verser ses philtres, d'autant plus que d'Aquin était bien disposé à son égard puisqu'il avait acquis sa charge de premier médecin grâce à elle.

Les dispositions aux étourdissements ne sont pas étrangères aux indigestions. Quand ses jarrets s'affaiblissent et qu'il doit prendre appui le temps de dissiper les vapeurs qui lui obscurcissent la vue, il ne se passe pas une heure que le roi ne doive se présenter à la garde-robe, « ce qui fit prendre un chemin contraire à cette substance vaporeuse, et dissipa cette méchante halénée ». Pour une fois, les médecins voient juste quand ils font le rapprochement entre la tête et le ventre. Vapeurs, langueurs, tiraillements, sommeils turbulents réapparaissent quand le roi a l'estomac chargé, parce qu'il se livre à des excès culinaires incontrôlables. On essaye d'y pallier en lui faisant boire régulièrement de l'eau de fontaine « dont la fraîcheur tempère fort la chaleur des entrailles et supprime utilement les vapeurs qui avaient coutume de s'élever de ses parties jusques à son cerveau ».

Il est difficile de faire le rapprochement systématique entre la nourriture et les vapeurs. Peut-être le roi était-il allergique aux fruits de mer ? Les vapeurs sont mentionnées en particulier au moment du Carême où le roi s'empiffre de poissons qui sont aussi pernicieux à sa machine digestive. Souvent, les coliques venteuses arrivent en même temps que les vapeurs qui deviennent suffocantes. Parfois, le corps du roi est assailli par le haut et par le bas en même temps. On lui fait respirer des sels ammoniaqués, on lui frotte le visage avec de l'eau de Hongrie, on brûle des papiers parfumés, on lui fait boire de la fleur d'oranger et des tisanes de sauge, mais le roi est pris de tels vertiges et sueurs froides, qu'il doit quitter sa partie de billard pour s'allonger et dissiper les vapeurs qui sont accompagnées d'étouffements et de frissons, « comme elles ont accoutumé de faire en pareilles occasions ».

Malgré son appétit pantagruélique, Louis ne devait pas avoir le foie fragile car les médecins ne signalent ni écœurement, ni vomissement. D'ailleurs les crises de foie ne déclenchent pas de vertiges. Les médecins ne mentionnent aucun trouble auditif, ce qui écarte la possibilité que le roi avait la maladie de Menière qui se manifeste sous forme de grandes crises de vertiges prolongés n'apparaissant qu'une à deux fois l'an. Chez le roi, en revanche, les vertiges sont fréquents. Les étourdissements étaient aussi probablement dus aux allergies alimentaires, en particulier aux poissons avariés qui déclenchaient des bouffées vasomotrices. Les noix et les œufs qu'affectionnait le roi sont aussi des allergènes alimentaires, autant que les sulfites que contiennent toutes les salades composées qui faisaient le régal de ce « grand désordonné de la bouche ». Par ailleurs, les étourdissements que décrit d'Aquin sont proches des bouffées de chaleur d'origine alimentaire qui contraignent le roi à « chercher où se prendre et s'appuyer un moment pour laisser dissiper cette fumée qui se portait à sa vue et affaiblissait ses jarrets ».

Tiraillé entre le besoin de se faire voir à la cour et celui de préserver sa santé, le roi a du mal à trancher le dilemme. Mais le respect de l'étiquette et le souci de paraître sont toujours les plus forts. Le roi, « étonnement du monde », ne saurait laisser voir ses faiblesses. Celui qui a pour corps le soleil ne peut accepter le ternissement de son éclat. Il est la lumière qui illumine la cour, le nerf de la guerre, l'objet des passions. Comment une volonté dans un corps qui a ses faiblesses pourrait-elle faire front aux exigences de l'étiquette sans se trouver tiraillée, angoissée de vertiges et de vapeurs opiniâtres ? Or, à partir de 1662, il ne se passe pas d'années sans qu'il ne soit fait mention de vapeurs, sauf en 1686, quand a lieu l'opération de la fistule. Trop préoccupés par cet événement majeur et leurs diagnostics souvent contestés, les médecins se soucièrent moins des vertiges cette année-là.

En général, Louis XIV finit les années mieux qu'il ne

les commence. A partir de novembre, les maux quotidiens s'atténuent ou disparaissent, en particulier les
vapeurs : « Durant même les rigueurs du froid et de la
gelée, le roi ne ressentit pas la moindre atteinte de ses
vapeurs, quoiqu'il ne bougeât pas de sa chambre
durant tout ce temps. » L'année 1683 est marquée par
la perte de la reine le 30 juillet et la mort de Colbert le
6 septembre, puis, par une chute de cheval qui
disloqua entièrement le coude gauche du roi qui eut
aussi une série d'abcès sous l'aisselle gauche en
octobre. Bizarrement, pendant toute cette période de
malheurs qui s'étale de juillet à octobre, le roi semble
avoir moins de vertiges, mais s'il refuse la saignée
préconisée après sa chute de cheval, c'est que « les
vapeurs cruelles que ce remède excite au roi nous
empêchèrent de la faire ». Le roi préfère encore mieux
s'abstenir momentanément de viande et de vin, plutôt
que de se soumettre aux cruelles saignées qu'il refusait depuis 1669. Tous les médecins sont d'accord sur
ce point, la saignée donne des défaillances au roi.
Louis XIV décide-t-il d'arrêter les saignées à cause des
vapeurs qu'elles provoquaient, ou était-ce un prétexte
pour les éviter, se doutant de leur inefficacité ?

Le ventre étant le centre des litiges, tout mal se
trouve en relation avec la machine digestive. Il suffit
de la vider pour dégager la tête, préconisent les
médecins. C'est un cercle vicieux à l'infini, ponctué
par les purges, pilules de sel tamaris, juleps à l'extrait
de rhubarbe, tisanes à la sauge, décoctions de fleurs
d'oranger. On essaie le thé et le café vite abandonnés.
Un jour que le roi a le ventre paresseux, plus qu'à son
ordinaire, il se réveille « avec un grand étourdissement et vertige, tel que, couché, le lit lui paraissait
tourner ». Ce vertige l'impressionne tant qu'il accepte
purges et lavements, de peur du retour de ce fâcheux
accident qui perturbe l'étiquette.

Pour les médecins, « les vapeurs s'élevaient du ventre, que le roi en fut incommodé quasi jusques au vertige ». Soignez le ventre et les vertiges disparaissent. Dans un *Journal* que le roi peut lire à tout moment, il est difficile à d'Aquin, meilleur courtisan que médecin, de citer les vraies causes des vapeurs qu'il est d'ailleurs incapable d'analyser. Et comme il faut bien flatter le roi, on met les maux de tête et les vapeurs sur le compte de l'excès de travail, ou l'usage du café qu'on lui conseille mal à propos puisqu'il entraîne « des nuits très mauvaises, beaucoup plus d'inquiétude, et des vapeurs plus grossières et plus difficiles. [...] Ce remède mettait trop son sang et ses humeurs en mouvement ». En fait, Louis XIV devait avoir une tension assez élevée, puisqu'on le croyait toujours menacé d'apoplexie. Entre les migraines qui lancinent, la goutte qui enflamme les pieds, les vertiges qui tourmentent, la tête et les pieds, ses extrémités si utiles pour gouverner et paraître, sont les deux principales sources de tracas quotidiens qui dureront jusqu'à sa mort.

A partir de 1688, l'étoile du roi pâlit alors que son pire adversaire, Guillaume d'Orange, devient roi d'Angleterre et l'âme de la deuxième coalition. En 1689, le sac du Palatinat, la destruction des villes allemandes, le débarquement en Irlande de Jacques II, roi catholique soutenu par Louis XIV, les divers actes d'agressions des troupes françaises, amèneront l'Europe à se conjurer contre le roi. Les victoires tardives et sanglantes de 1690 et 1692 ne suffiront pas à redorer les rayons de son soleil. Acculé à signer un désaveu de sa politique religieuse gallicane, le roi sera de plus en plus sous la coupe des Jésuites. Aux déceptions politiques s'ajoutent les vapeurs qui entravent souvent sa vie politique et militaire. C'est le cas en juin 1693, quand le roi est en Flandre pour diriger ses armées. Pas plutôt arrivé au camp, il annonce son retour à Versailles. Son brusque départ, qui étonne ses adversaires, est la conséquence d'une saignée qui « fut suivie de vapeurs accompagnées de beaucoup de chagrins qui durèrent deux ou trois jours à diverses reprises et laissèrent Sa Majesté dans cette disposition pendant le reste du voyage, et après son retour à Versailles, jusqu'au 5 du mois d'août ». Faite à la suite d'un torticolis, cette saignée surprend, car le roi n'en avait pas subie depuis 1688. Impressionné sans doute par les vapeurs que cette saignée déclenche, Fagon abandonne ce remède pour ne soigner le roi qu'avec des purges. Le roi reste à Marly, où il trouve toujours refuge à ses maux, immobilisé du 26 juin au 5 août par des accès de fièvre et des vertiges répétés qui pourraient être psychosomatiques. C'est que la situation est critique en France. Le roi paraît « plus abattu et sérieux qu'à l'ordinaire », sans que Fagon en détermine la cause. Malgré les nouvelles victoires de 1693 en Flandre, c'est la grande misère. La famine dans tout le royaume, suivie d'épidémies et d'une hausse de la mortalité effrayante font périr, à Paris seul, quatre-vingt-seize mille personnes. Le roi a des difficultés à payer l'armée et sacrifie ses meubles en argent pour en tirer quelques subsides. Il s'attendrit sur les catastrophes économiques et démographiques, mais peut-être pas autant que sur la fin de ses propres exploits guerriers. Les drapeaux de la victoire de Neerwinden en juillet 1693 ne lui font pas oublier que cette campagne de Flandre était la dernière qu'il commandait en personne. Dans sa retraite de verdure, Louis XIV pouvait méditer à loisir les vers que Boileau avait écrits en 1688 à son intention :

« C'est ce Roi, si fameux dans la paix, dans la guerre,
Qui seul fait à son gré le destin de la terre. »

Madame de Maintenon était toujours auprès du roi quand il était indisposé, donc elle était au courant de son état physique, mais avait ordre du roi, sans doute, de ne rien divulguer. Le roi se porte très bien, écrit-elle. Saint-Simon et Dangeau ne parlent pas plus des incommodités du roi, c'est à croire qu'il se porte toujours comme un charme. Pourtant le *Journal* le décrit souffrant. Ses infirmités sont donc tenues secrètes.

En 1693, Fagon succède à d'Aquin. Après avoir disserté sur le tempérament du roi, entrée en matière de tout médecin promu au rang de premier médecin, Fagon mentionne les « fréquentes vapeurs qui ont si souvent incommodé Sa Majesté », et accuse le vin de Champagne, trop acide et plein de tartre, ainsi que les petits pains mollets trop pleins de levure et de lait, d'augmenter l'aigreur de « l'humeur mélancolique » du roi. Louis XIV buvait du vin de Champagne aux petits repas de biscuits qu'il prenait le matin et après dîner, habitude contre-indiquée pour les vertiges, que Fagon s'empresse de remplacer par les vins de Bourgogne.

Autre source d'inquiétude est la présence de vers, morts et vivants, toujours en relation avec les vapeurs. D'après les succinctes descriptions des vers qui sont mal identifiés, on peut supposer que Louis XIV n'avait pas le ténia. Comme chez la plupart de ses contemporains qui mangeaient de la viande avariée, la présence d'ascaris était chose courante. Toujours est-il qu'on les remarque aux moments des vapeurs : « Le roi vida, dans une grande selle, un ver vivant, qui, sans doute en inquiétant l'estomac, avait eu part aux étourdissements. » Fagon insiste sur les mouvements du ver dans les intestins qui créent des secousses aux fibres nerveuses et entraînent des vapeurs. La purge est la panacée absolue de Fagon. Contrairement à ses prédécesseurs de l'école chimique, Fagon était botaniste et adepte de Galien. Son amour de la botanique le poussa à abuser de purgatifs et de lavements dans un but thérapeutique. C'est par la purge qu'il entendait soigner le roi, qu'il s'agît de vers à tuer ou de vapeurs à dissiper. Louis XIV prenait médecine tous les mois, le dernier jour de la lune, écrit Dangeau. A en croire le *Journal* de Fagon, celui-ci purgeait le roi à tout bout de champ, aussi souvent qu'il le jugeait nécessaire. Il fallait vider la machine digestive pour compenser « les fréquentes occasions de trop manger qui conduisent à l'indigestion », et en même temps libérer la tête des vapeurs.

Sans aller comme Fagon jusqu'à faire le rapprochement systématique entre les dévoiements et les vertiges, la constipation et les vapeurs, les indigestions et les étourdissements, on note que la hantise de la chaise percée concorde souvent avec l'apparition des vapeurs. On imagine le dilemme du roi : se lever de table pour satisfaire un besoin naturel, ou être cloué sur son fauteuil par un vertige, « ce qui l'empêcha de sortir [de table], tant à cause de l'étourdissement de tête et tournoiement que la peur d'avoir envie d'aller à la garde-robe ».

Tout écoulement par le haut et par le bas a un effet bénéfique sur la tête du monarque. Comme il se morfond beaucoup dans les dédales glacials de ses résidences, le roi pituiteux mouche beaucoup. Il lui arrive de saigner du nez et d'en être soulagé, autant de son rhume que de la pesanteur de sa tête. Il a toujours trop chaud, refuse les feux dans la cheminée de sa chambre et préfère dormir les fenêtres ouvertes, ce qui inquiète les médecins et rend la vie impossible aux courtisans qui grelottent. Les promenades par les grands froids n'affectent pas le roi, mais plutôt le retour dans les appartements chauffés. Quand le roi permet qu'on allume du feu dans sa chambre le matin, c'est un événement notable. Fagon avait fait confectionner un manteau d'ouate pour la nuit, dans le but de faire transpirer le roi de tous ses maux et d'entretenir « une moiteur très salutaire » censée chasser les vapeurs aussi bien que les catarrhes. Il insiste pour que le roi le porte surtout pendant les grandes équinoxes « qui remuent davantage les humeurs qu'une autre saison ». Plus le roi vieillit, plus il a la tête prise par les catarrhes ou les vertiges. Un mal chasse l'autre. Le catarrhe « remplit et bande ses membranes dont la tension presse le cerveau » et provoque des étourdissements. Quand il a de la sinusite, on lui propose des gargarismes, mais comme le roi ne sait pas se gargariser, on lui prépare de l'eau chaude et du miel qu'il garde dans la gorge le plus longtemps possible, et des inhalations d'eau de veau tiède.

Le roi s'enrhume souvent à essayer ses perruques dans son cabinet glacial. En effet, à partir de 1673, il commence à porter des perruques. Elles s'accommodent « avec ses cheveux qu'il ne veut point couper, et qui s'y joignent fort bien, sans qu'on les puisse distinguer. Le dessus de la tête est si bien fait et si naturel qu'il n'y a personne sans exception qui n'y ait été trompé d'abord, et ceux-là mêmes qui l'avaient servi tout le jour », écrit Pellisson. Car le roi ne coupait pas ses cheveux et ajoutait un tour de cheveux que l'on mêlait habilement aux siens qu'il avait naturellement bouclés. Plus tard, les cheveux naturels se faisant rares avec le port des perruques léonines, le roi trouve plus pratique de se faire raser la tête. Certes, le port de la perruque léonine ne faisait qu'aggraver les bouffées de chaleur, en particulier l'été.

Dans les dix dernières années du *Journal*, il n'est

question que de rhumes, de toux, de catarrhes s'ajoutant aux vertiges quotidiens et aux indigestions. Le roi
est continuellement anxieux et il se morfond facilement. On n'y verrait maintenant rien que de naturel.
Mais puisque le virus est chose inconnue à cette
époque, les médecins doivent expliquer les catarrhes
par le froid de la chambre, les séjours prolongés à la
chasse par jours de pluie et de vent glacial, le feu des
bougies, le grand nombre de courtisans au bal, etc. On
supplie le roi de faire du feu dans sa cheminée et de se
couvrir davantage, notamment pendant le sermon à la
chapelle et dans sa voiture de chasse. Echauffé par les
breuvages et ragoûts épicés, le rossolis, le vin de
quinquina, et sa nature apoplectique, le roi a toujours
trop chaud.

De 1693 à 1711, Fagon se creuse la tête à trouver des
explications aux vapeurs répétées du roi, mais sans
pouvoir en délivrer son auguste client. Le mal est
partout, mais la cause principale des vertiges qu'il
dénonce et contre laquelle il ne peut rien, sont les
grands repas qui disposent le roi aux étourdissements,
parce que les aliments « d'un haut goût très
composé » excitent la fermentation autant que l'iné-
galité du temps en mars et en avril, ou les quatre mois
de jours maigres du Carême sur lesquels Fagon jette
l'anathème régulièrement. Ragoûts, petits pois, et
fraises dont le roi s'empiffre sont la bête noire de
Fagon qui les accuse d'entretenir un concert de vents
« comme une tempête perpétuelle dans le bas-ventre,
duquel les membranes violemment étendues, tirent
celles de la tête et donnent occasion aux étourdissements ». Si le roi a la tête échauffée, c'est que les
excréments retenus en sont la cause, et il suffit d'une
grande selle pour dissiper les vapeurs. Que le roi se
goinfre d'esturgeon chez Monsieur à Meudon, autre
lieu de ripailles, et le voilà pris de vapeurs et d'une

indigestion qui dure tout le long de son séjour à Meudon. Quand le ventre n'est pas le déclencheur de vertiges, c'est « le soleil ardent auquel il s'était trop exposé » qui est la cause des étourdissements.

Quand « l'humeur vagabonde de la nature de celle de la goutte » ne prend pas le parti de se fixer sur les pieds, elle prend le chemin de la tête, parfois les deux en même temps. La douleur commence « au front, aux sourcils et au-dessous des oreilles ». Elle est si violente que le roi a l'impression d'avoir la tête « fendue ». Si l'on devait croire le premier médecin, toute agitation est sujette à remuer les humeurs du roi qui en est étourdi. Boire un verre d'eau lui donne des nonchalances, des angoisses d'estomac, des vapeurs parce que l'eau « détrempe les humeurs ». Regarder des cartes de géographie lui donne mal au ventre, et du même coup des étourdissements. La chaleur étouffante de sa chambre calfeutrée, le grand nombre de courtisans parfumés de poudre, l'odeur du tabac l'étourdissent. Fagon, qui était asthmatique et sans doute très sensible aux odeurs, met donc les étourdissements du roi sur le compte de diverses fragrances. Le roi lui-même devait en être affecté pendant les fortes migraines qui le rendent sensible aux moindres senteurs. Ainsi Saint-Simon, qui ne s'attachait guère aux détails de santé, note que « le roi aimait extrêmement l'air, et quand il en était privé, sa santé en souffrait par des maux de tête et des vapeurs que lui avait causés un grand usage des parfums d'autrefois, tellement qu'il y avait bien des années, que, excepté l'odeur de la fleur d'orange, il n'en pouvait souffrir aucune, et qu'il fallait être fort en garde de n'en avoir point, pour peu qu'on eût à l'approcher ».

Le roi, qui avait « remué et feuilleté beaucoup d'anciens papiers très parfumés, a été saisi de vapeurs assez fortes, accompagnées d'étourdissements, nonchalances, bâillements, et de besoin de se parfumer de papier brûlé ». Quels sont ces papiers que le roi feuillette et brûle dans la solitude de l'hiver 1705 ? Louis XIV est alors isolé dans son bastion, enfermé dans son enveloppe maladive, avec la seule présence de Madame de Maintenon qui ne lui parle que de vertu, du repos de son corps et de son âme. Faisant du roi un bigot rempli de scrupules tardifs et le rabaissant jusqu'à lui faire porter des reliques, elle n'apaise certes pas la nostalgie du roi vieillissant pour ses anciennes maîtresses. Sa seule diversion est de remuer les souvenirs, de relire les lettres d'amour parfumées et de brûler un passé qui n'a plus raison d'être. La mémoire le tracasse au point de lui donner « des angoisses de gonflement » et le met dans un état « éloigné de son état naturel ». Les lettres parfumées, autant que le ver « long d'un quartier », contribuent aux vapeurs. Primi Visconti avait-il raison d'écrire : « Il ne peut souffrir les senteurs à cause qu'il les a trop aimées. Il en est présentement si incommodé, qu'il n'y a personne à la cour qui ose s'approcher de lui portant des parfums. » Le roi, qui se parfumait quand il était jeune, est pris plus tard d'un vif dégoût pour les fragrances. Il reprochait à Madame de Montespan l'habitude de se faire frotter le corps avec des pommades parfumées dont les effluves l'incommodaient. Avec l'âge, le roi réagit plus fort aux allergies alimentaires et olfactives.

Le corps amoindri du roi vieillissant, vaincu par le haut et par le bas, doit tenir bon contre la tentation des beaux muscats ou des meringues qu'on lui présente, car le sucré le constipe ou lui fait tourner la tête. Ne pouvant prévoir ou contrôler les vertiges, le roi vit dans un état d'appréhension et d'angoisse qui ne lui facilite pas l'existence. Les médecins, qui n'ont aucune explication rationnelle des vapeurs, papillonnent dans un labyrinthe de suppositions erronées. Le seul remède qui soulage le roi sont les tisanes de sauge et de véronique quotidiennes, mais elles ne calment pas longtemps les vertiges et éblouissements.

En 1708, « l'humeur mélancolique exaltée par des sujets de tristesse continuels » est la cause des vapeurs. En effet, l'émeute à Paris, le billet anonyme contre le roi qui marque « qu'il se trouvait encore des Ravaillacs », les placards affichés aux portes des églises et sur les places publiques, persiflant son gouvernement et sa conduite, ses statues marquées d'inscriptions désobligeantes, la multitude de chansons n'épargnent pas le roi. C'est à la suite d'une série de vertiges, durant cette fâcheuse année, que Fagon commence à faire boire au roi de « l'eau à la glace » pour le rafraîchir « d'une grande langueur, des angoisses, des sueurs froides et d'une disposition prochaine de syncope ».

En 1709, c'est la famine et la grande année d'austérité. Le roi fait fondre sa vaisselle d'or et d'argent. Les nobles suivent mollement l'exemple, en ayant la parole du roi qu'il leur en rendrait le poids quand les affaires du royaume iraient mieux. La noblesse se met à la faïence ; en fait, elle cache ses trésors et ne fait fondre ou vendre qu'une partie de sa précieuse vaisselle. Du total de la fonte, l'Etat ne tirera que trois millions. C'est la honte pour le roi abandonné de ses sujets. Les étrennes de la cour sont supprimées, le paiement des troupes reste le problème crucial. La machine politique s'effrite et la tête est si fragile qu'il suffit d'un rien pour l'étourdir. En prenant un clystère, « les oreillers [du roi] s'éboulèrent, et la tête en fut étourdie, à quoi succédèrent des vapeurs qui l'obligèrent à se lever et à se mettre sur sa chaise ». De plus en plus vulnérable avec l'âge, le roi a de la peine à maintenir la machine, et le corps ne suit plus les

exigences et les routines de la cour : « Le roi paraissait triste et abattu », à quoi contribuaient « le jeûne,
le maigre, l'assiduité aux longues messes, aux ténè-
bres et aux autres offices, sans pouvoir presque sortir
ni prendre l'air. » Le roi a la tête « mauvaise ». Son
sommeil est de plus en plus inquiet et turbulent, les
réveils en sursaut plus fréquents. Cette même année,
en présence de Madame de Maintenon, le roi brûle les
procès-verbaux de l'affaire des poisons où le nom de
Madame de Montespan apparaît. Geste symbolique
qui met de l'ordre dans des papiers peu élogieux qui
rappelaient peut-être de mauvais souvenirs.

En 1710, les étrennes sont distribuées aux armées de
Flandre. On masque la réalité par des fêtes et des
spectacles. On fait ouvrir de bonne heure le carnaval
pour cacher les désordres financiers, les troubles
sociaux, les manifestations comme celle du cortège de
femmes de Paris marchant sur Versailles. Vingt millions de Français insatisfaits. Le roi se plaint de ne
plus avoir la « tête bonne ». Aux déboires politiques
s'ajoutent les chagrins. Le roi a atteint la gloire, mais
certes pas le bonheur. En 1711, la mort du dauphin
arrive comme un coup de foudre. Marly, havre de
verdure et de paix, devient la retraite où le roi cache
sa tristesse. Dans sa précipitation à quitter Meudon, il
part au milieu de la nuit pour Marly qu'il trouve
déserté, sans domestique et sans lumière. Assis dans
l'obscurité, ruminant sa solitude et sa tristesse, il
tombe « dans un frissonnement général de vapeurs
causé par le saisissement violent du cœur » et est pris
de convulsions, dans un état « éloigné de son naturel ». Pesanteur, douleur de tête, lassitude et fond de
mélancolie depuis la mort du dauphin dureront pendant des mois, sans que cela n'affecte nullement son
appétit qui est le facteur compensateur de ses tracas.
« Le modèle d'un héros achevé » se veut toujours

grand et ne saurait montrer son désarroi devant la cour toujours présente et attentive à la moindre faille, mais jusqu'à la fin de sa vie, le roi sera harcelé par les vertiges qui lui rappelleront la fragilité de son enveloppe charnelle.

1. – *Louis le Grand, roi de France*
(Bibliothèque de l'histoire du protestantisme français,
cliché A. Gros)

2. – *Gravure ornant la page de garde
du* Journal de Santé *de Louis XIV.*

3. – *Caricature hollandaise de Louis XIV sous la forme
d'un crieur annonçant la défaite navale de la Hougue en 1692.
Le roi, traînant une jambe de bois, lit la liste
des vaisseaux français capturés par la Hollande.*

(Cabinet des Estampes, cliché B.N.)

Représentation de l'endroit où a été déposé le corps de Louis quatorze Roy de France dans l'Eglise de S.t Denis le 9. Septembre 1715.

LOUIS 14 Roi de France et de Navarre, surnommé le Grand, est né le 5. Septembre 1638. et couronné le 14. May 1643. après avoir regné soixante et treize ans, ce Monarque est mort le Dimanche 1.er Septembre 1715. dans sa 77.e année ses entrailles ont été portées le 4. en l'Eglise de n.Dame, Métropolitaine de Paris, son cœur porté le 6. aux Jésuites de la rue S.t Antoine, dit le grand couvent, et son corps le 9. a S.t Denis près Paris, Sépulture de Nos Reys.

4. — Dans un décor baroque de draperies noires et argentées, quatre piliers surmontés de squelettes, dont deux portent les emblèmes de la mort, soutiennent la couronne royale au-dessus du catafalque du roi.

(Cabinet des Estampes, cliché B.N.)

Marche et Convoy funèbre de Louis le Grand, Roy de France et de Navarre, de Versailles a St Denis en France lieu de sa sepulture avec les autres Roys de France le 9e septembre 1715 le quel estoit mort le 1er du mesme mois, son Coeur ayant este porte aux Jesuites a Paris et ses Entrailles a N. Dame Cathedrale de Paris

5. — *A la lumière des torches, le cortège funèbre du roi quitte Versailles le soir pour Saint-Denis où il arrivera le lendemain. Le convoi se fit sans pompe, sous les quolibets et refrains de vaudeville d'une foule de pauvres.*

(Cabinet des Estampes, cliché B.N.)

CHAPITRE V

LA FIÈVRE AU CORPS

> « Je dédaigne à m'amuser à ce menu fatras
> de maladies ordinaires, à ces bagatelles de
> rhumatismes et défluxions, à ces fièvrottes, à
> ces vapeurs, et à ces migraines. Je veux des
> maladies d'importance : de bonnes fièvres
> continues avec des transports au cerveau, de
> bonnes pestes, de bonnes hydropisies for-
> mées, de bonnes pleurésies, avec des inflam-
> mations de poitrine : c'est là que je
> triomphe. »
>
> MOLIÈRE, *Le Malade imaginaire*

En octobre 1675, de retour à Versailles à la suite de
quatre campagnes, Louis est pris d'un accès de fièvre
qui fait craindre une grave maladie. Pendant onze
jours que durera la fièvre intermittente, le roi mène
une vie normale, bien qu'il ait tous les symptômes
d'un état fiévreux : lassitude, maux de tête, courba-
tures, sommeil agité, sueurs. Le besoin de se faire voir
à la cour, les exigences de l'étiquette, les affaires de
l'État sont impératifs. Le monarque doit jouer son
rôle et paraître.

Aux tracas du corps s'ajoute la douleur de la perte
de Turenne, laissant au Grand Condé le commandement de l'armée. De plus, l'ouest de la France se

révolte violemment contre le fisc. Louis doit donc faire face à deux fronts : les révoltés à l'intérieur du pays et les coalisés à l'Est. Terrassé par les accès de fièvre qui aggravent les autres maux, le roi est livré au bon vouloir des médecins qui l'accablent de bouillons purgatifs, de lavements difficiles à chiffrer et d'une saignée. La dernière saignée ayant eu lieu cinq ans auparavant, on peut imaginer l'appréhension de Louis. Mais il s'y soumet en désespoir de cause, malgré les vapeurs qu'il craint et qui ne manqueront point d'apparaître au point qu'il devra être soutenu pour marcher. Quant aux lavements administrés à tire-larigot, d'Aquin les justifie en s'empêtrant dans une explication de la fièvre intermittente, « due à la pourriture » qui serait « allumée et entretenue par ces matières qui croupissaient dans les flancs ». Suivant la logique de Diafoirus, le clystère est le moyen le plus sûr d'éteindre la fièvre.

L'explication de la fièvre au xviie siècle est en général assez cocasse. Des matières fermentent (comme le vin) et produisent des acides et des vapeurs dans le sang qu'elles altèrent et raréfient, tout en augmentant sa chaleur, provoquant la coagulation, d'où la sensation de froid et les frissons, les « horreurs », comme on les appelait. Quand la coagulation s'arrête, le sang excite la fièvre qui dure jusqu'à ce que le sang soit purifié par la transpiration et l'urine. Mais pourquoi les accès de fièvre ? C'est que les matières dans le sang fermentent à des moments différents, suivant le type de fièvre : fièvre tierce tous les trois jours, fièvre quarte tous les quatre jours.

En 1686, c'est la crise de la fistule. Mais, en plus des douleurs au fondement, et la goutte qui attaque le pied gauche au point qu'il ne peut plus marcher, le roi éprouve aussi, à partir du 6 août, une reprise de violents accès de fièvre qui le harcèlent tous les trois jours. Fin août, il commence une cure de quinquina qui durera plus ou moins régulièrement jusqu'à l'été 1689.

Le quinquina était encore peu connu en France. Découvert au Pérou en 1638 par un jésuite qui utilisa l'écorce d'un arbre indigène pour guérir la fièvre, sans doute le paludisme, le médicament miracle fut introduit en Europe par l'empirique anglais Talbot, homme divin cité par Madame de Sévigné, sous la forme de poudre dite « poudre de jésuite » ou « poudre anglaise ». En 1679, Talbot fit fureur à Paris en soignant les fièvres intermittentes avec le quinquina. Mais dès 1675 les médecins commencent à l'employer pour le traitement du roi. Louis XIV, paraît-il, aurait acheté le secret de sa composition et fait lui-même les dosages dans son cabinet où il gardait une pharmacopée très élaborée qui servait aux concoctions des médecins. Ce n'est qu'en 1682 que le roi fit publier la composition du quinquina qui tomba alors dans le domaine public et devint vite à la mode, d'autant plus qu'il avait la réputation de rendre « fort libre et caressant » celui qui en buvait régulièrement. Comme pour le café et le thé, on se mit à prendre du quinquina pendant les repas ou en apéritif. On le préparait en faisant macérer, dans une pinte de vin, une once d'écorce pulvérisée de la racine du quinquina. L'infusion était remuée pendant vingt-quatre heures, puis clarifiée. C'est ce remède que le roi commença à prendre le 22 août 1686, en dosage curatif et préventif.

En 1686, Dangeau ne signale la fièvre que sept fois en août, sans aucune précision, sans lui accorder plus d'importance qu'aux autres événements répétitifs qui remplissent les entrées de son *Journal*. Mais comment estimer le jugement de Dangeau, ce « personnage en détrempe », comme le notait Saint-Simon, « prenant volontiers l'ombre pour le corps » ? En courtisan chevronné, le marquis de Dangeau ne s'intéresse qu'aux futilités ; complaisant et obligeant, il s'attache au quotidien du roi qu'il vénère, n'observe que la façade. Il dit quand le roi sort, s'il garde la chambre, s'il se promène dans sa galerie pendant que Monsieur chasse les loups et les extermine journalièrement, s'il assiste à la messe dans son lit ou à la chapelle. Mais quand il s'agit de maladie, il n'est pas mieux informé que les autres courtisans. Le corps malade du roi reste caché à ses yeux comme aux yeux du public. Il ne se doute pas que les grands levers sont retardés pour préparer le corps chancelant à mieux se montrer au dîner. En fait, avant la messe de 11 heures, le roi n'est guère visible durant cette année douloureuse.

L'année 1686 est sans doute la plus astreignante pour le corps malade. Du 2 février au 9 avril, le roi ne sort à l'extérieur que deux jours ; le reste du temps, il ne quitte pas ses appartements et évite de se montrer au public. La plupart du temps, il garde la chambre et reste cloué au lit, soit par la goutte, soit par les sondages, cautérisations et douleurs de la fistule. Quand il se lève, c'est pour dîner debout en robe de chambre, faire quelques apparitions à la tribune de la chapelle, ou se promener dans la galerie, mais sans jamais se livrer aux trois activités à la suite dans la même journée. Même l'après-midi, écrit naïvement Dangeau, « il s'amuse souvent à voir ses médecins ». Pourtant, c'est le moment habituellement consacré aux grandes sorties dans le parc ou à Marly.

Mi-avril, le roi sort enfin dans ses jardins. Il inaugure sa nouvelle machine, sorte de calèche découverte accommodée pour permettre ses déplacements dans le parc et la chasse sans qu'il ait à mettre la jambe goutteuse par terre. Pour la première et unique fois, dans la cérémonie de l'imposition des mains, le roi se fait remplacer par le dauphin pour toucher les malades le jeudi saint. Son propre corps doit être en bien piteux état pour l'empêcher d'accomplir le rite sacré du roi divin.

En mai, juin et juillet, malgré les déclarations optimistes sur sa santé, le roi ne parvient toujours pas à reprendre la pratique du cheval, qu'il avait dû abandonner depuis le début de l'année. Il s'en abstiendra jusqu'en mars 1687, se contentant de promenades à pied, quand la goutte le permet, ou en calèche les mauvais jours, dans un périmètre délimité par Saint-Cyr, Marly, le Trianon et le parc de Versailles.

En août, les choses se gâtent, les fièvres intermittentes reviennent et vont continuer à affaiblir le corps du roi jusqu'en 1694. Dangeau ne cite qu'en passant les accès de fièvre d'août, mais le *Journal de Santé* rappelle les souffrances de la chair, minée par la fièvre et par la goutte, blessée par le fer des chirurgiens.

Bref, si l'on dit que le roi « se trouve bien de l'usage du quinquina, qu'il est plus fort et vigoureux qu'il n'était avant sa fièvre quarte », en réalité le fébrifuge ne diminue guère les accès fiévreux, ne mène pas à un mieux sensible. Le roi s'installe plutôt dans une routine de journal du mal : « C'est son jour de fièvre [...] la fièvre attendue ne vient pas. [...] Le Roi continue à prendre du quinquina [...]. Le Roi a eu la fièvre à six heures. [...] L'accès du Roi fut assez violent et dura seize heures... ». Même les médecins finissent au bout de trois ans à ne plus en parler. Entre-temps, les fièvres épuisent le roi ; sa tête est embuée des vapeurs du vin de quinquina dont les dosages répétés finissent par lui donner la colique.

Mais d'Aquin s'en tient au remède. Dans une audacieuse métaphore, il compare le corps du roi à un « bâtiment » que le quinquina va protéger de l'embrasement, car « la nature de ces fièvres est d'augmenter d'un accès à l'autre, et de produire assez promptement un grand incendie par de légères étincelles ». Grâce à l'action modératrice du quinquina, qui recule la montée des accès, on peut même recourir aux rituelles mesures de purge et de clystère, déconseillées pendant les accès.

Du 22 août au 7 novembre 1686, le roi continue donc à prendre du quinquina suivant un rythme bien précis. Au début des accès de fièvre, de quatre heures en quatre heures jour et nuit pendant les premières vingt-quatre heures, puis quatre fois par jour jusqu'au 20 septembre. Ensuite, jusqu'au vingt septembre, trois fois par jour. Puis, du 2 au 15 octobre, deux fois par jour, à dose plutôt préventive, puisque la fièvre n'est pas notée. Pendant tout ce temps le roi mène une vie de routine à Versailles. Au début novembre, il se rend à Fontainebleau où il restera jusqu'au 16. Les prises de quinquina reprennent du 5 au 7, puis s'arrêtent. Le roi a d'autres soucis, pense sérieusement à se faire opérer de la fistule et s'y résout le 18 novembre. Puis le traitement au quinquina n'est plus mentionné jusqu'au mois de mars 1687. Cet arrêt prouve que, pendant l'année 1686, les accès de fièvre sont liés à la rétention du pus dans le trajet fistuleux.

Continuer la description de la cure, qui comme toute cure est répétitive, serait trop fastidieux. Le quinquina et la fièvre reviennent avec monotonie pendant trois ans, jusqu'à la fin juin 1689. Suit une période de quelques années où ni le mal ni la maladie ne font objet de notations particulières. Mais les fièvres recommenceront. Ce qu'il importe de noter, cependant, c'est que pendant les trois premières années, de 1686 à 1688, alors que le quinquina dominait la cure d'une fièvre encore très préoccupante, on ne l'administrait pas d'une manière égale durant tous les mois. En hiver, entre le 20 novembre et le 20 février, le roi n'en prend pas du tout ; en revanche, il en boit souvent, et beaucoup, durant les mois d'été. En 1688, d'Aquin recommande spécifiquement de poursuivre la cure au-delà du solstice de juin, période où les fièvres tendent à se rallumer. Serait-ce un indice que les accès fiévreux du roi étaient dus à des crises de malaria ? Il y a des raisons de le soupçonner.

En effet, quand la cour s'installe définitivement à Versailles en 1682, on y effectue, ainsi qu'à Marly, de grands travaux de terrassement. Dans ce cadre, le roi inspecte régulièrement les terrains marécageux, par tous les temps, sans ménager son corps. Il s'intéresse notamment aux drainages des marais de Versailles. Or, rapporte-t-on, « les terres remuées rendent l'air mauvais », et on accuse cet air de porter les miasmes des maladies inexplicables. Il s'agissait de la malaria et de la dysenterie qui constituaient les « maladies populaires » qui décimaient les troupes et les ouvriers employés à l'œuvre du roi.

En fait, le corps humain du roi n'était pas exempt des maladies de son peuple. Il est fort possible que les fièvres tierces et quartes dont il souffrait étaient des accès de malaria. Le terme propre de malaria n'apparaît en effet qu'au xixe siècle, ce qui fait que les Esculape du xviie siècle appelaient cette maladie « le mal du mauvais air ». On comprend dès lors que, sous l'effet du « mauvais air », les fièvres se déclarent surtout en période chaude, c'est-à-dire au moment où les moustiques se lèvent dans les eaux marécageuses et dans les eaux croupissantes des fontaines de Versailles. Ce n'est qu'en 1685 que commencent les travaux d'adduction : la machine de Marly qui élevait l'eau au niveau d'un aqueduc, les canaux qui devaient apporter les eaux de l'Eure dans les jardins de Versailles, l'aqueduc de Maintenon. Au reste, les guerres interrompaient souvent les travaux qui se prolon-

geaient et entretenaient un chantier perpétuel de
terres mal drainées et d'eau stagnante. Saint-Simon
note que « l'abondance des eaux forcées et ramassées
de toutes parts, les rend vertes, épaisses, bourbeuses ;
elles répandent une humidité malsaine et sensible,
une odeur qui l'est encore plus ».

Symptômes de la malaria ou non, les fièvres pour-
suivent le roi non seulement par leurs propres
atteintes mais aussi par les séquelles des remèdes. Les
prises répétées de quinquina dans du vin de Champagne, puis de Bourgogne, rendent Louis, qui n'a
jamais été grand buveur, « languissant de plein de
vapeurs ». Ces vapeurs d'alcool, ajoutées aux vertiges
qu'il traîne depuis seize ans, contribuent à perturber
son emploi du temps déjà affecté par la fièvre. De 1686
à 1689, pendant et après la fistule, le *Journal de Santé*
s'étend en un cercle vicieux sur les accès fiévreux, les
vapeurs et la goutte. Le vin maintient le roi dans un
état second, et l'excès du sucre dans le vin de quinquina provoque un dérèglement intestinal, entretenu
de surcroît par toutes les sucreries, les « rôties au vin
et au sucre », les pâtes de groseille, d'écorces d'orange
et de guimauve qu'il mange pour ôter l'amertume des
remèdes et pour se mettre sous la dent du solide. En
effet, comme il a l'habitude de mâcher avant d'avaler,
il trouve difficile d'ingurgiter les « bols » qu'on lui
offre, la pâte molle de quinquina, et surtout les pilules
que son gosier rejette. Ce qui fait que d'Aquin doit
diluer la poudre dans le vin, qui mène aux vapeurs,
aux sucreries, et ainsi de suite.

Mais voici qu'en plus des vapeurs de Bacchus, la
fièvre se met à causer d'autres maux encore. Le roi est
stigmatisé par « un feu et une chaleur extraordinaires
dans le creux des mains ». Les bras et les jambes
engourdies, la tête lourde, il tremble et grince des
dents, le corps tout irrité de démangeaisons. Pour

d'Aquin, aucun doute, ce sont « les marques certaines d'un sang échauffé et qui bouillait dans ses veines ». Du coup on tire au roi trois poêlettes de sang « beau et louable » et, comme par enchantement il retrouve aussitôt « une santé parfaite » ! Pas pour longtemps, bien sûr, car les démangeaisons reprennent de plus belle, et l'on tire de nouveau du sang royal, en s'extasiant chaque fois sur sa couleur et sa consistance. Que le roi ait accepté trois saignées en moins de trois mois en 1688, alors qu'il s'y était refusé pendant une douzaine d'années, est le signe de désabusement et de découragement devant la fatalité et l'incompétence de la médecine galénique.

Bref, en 1688 « le roi vit comme un homme malade ». Il perd son bel appétit, se contente de repas frugaux, a souvent chaud. Excédé par ses états fiévreux, il ne veut pas les reconnaître comme tels, et ses médecins s'empressent d'attribuer ses chaleurs à l'excès du vin pris avec le quinquina. On va donc remplacer le vin par des infusions. Renouant avec une pratique entreprise dès 1686, d'Aquin et Fagon font ingurgiter au roi, entre deux prises de quinquina, des en-cas pour lui caler l'estomac et empêcher des brûlures. Cependant, quand il doit prendre du quinquina la nuit, on lui sert des biscuits trempés dans du vin mais baptisé d'eau. Dans le même esprit, pendant les accès de fièvre, on ne lui donne ni viande ni aliments solides. Ce régime, l'abstinence de viande et de ragoûts, lui fait le plus grand bien. En 1688, alors que les cures de quinquina durent de février à octobre, le *Journal* ne remarque aucun dévoiement spectaculaire. L'appétit coupé par le mal et ses remèdes, le roi se satisfait de bouillons et d'œufs brouillés qu'il affectionne tout particulièrement. Comme, à l'époque, on n'utilisait que le jaune d'œuf pour préparer ce plat, son taux de cholestérol ne pouvait que monter. Au reste, dès qu'il se sent plus vigoureux, il fait ses délices d'un pigeonneau.

L'engourdissement de la machine politique suit l'engourdissement du corps. Louis doit faire face à la Ligue d'Augsbourg, au pape qui excommunie l'ambassadeur de France auprès du Saint-Siège pour avoir transformé ses quartiers de Rome en place forte, et aux réactions à ses impulsives provocations sur le Rhin. C'est en septembre 1688 que le roi, affaibli par les fièvres et les cures de quinquina, décide de confier le commandement des armées au dauphin, piètre général qui remplace mal le fougueux Condé mort en 1686. Il est vrai que, depuis l'opération de la fistule, le roi n'a jamais retrouvé son dynamisme. Durant les fiévreuses années 1688 et 1689, il semble dépassé par les événements et accumule de graves bévues qui dressent l'Europe contre lui.

L'incendie du Palatinat n'épargne ni vie, ni village, ni palais. Louvois laisse les troupes françaises piller et brûler tout sur leur passage, sans informer le roi de son zèle dévastateur. Car, en 1689, c'est surtout Louvois qui prend les décisions qui mèneront la France à une série d'échecs, pendant que le roi ne réagit pas, abusé par les rapports mensongers de son ministre, préoccupé par sa santé chancelante et ses accès de fièvre. Tout au plus, contrairement à son naturel, le roi se livre parfois à des transports de colère contre Louvois, paraissant incapable de se contrôler. Or, pendant que Louvois met le feu au-delà du Rhin, Guillaume d'Orange devenu roi d'Angleterre parle d'aller brûler Versailles — Versailles où Louis s'était retiré pour essayer d'éteindre le feu de ses fièvres. L'image du Roi-Soleil n'est plus celle de Phaéton. Lui qui avait horreur de l'imprévu, et aimait régler d'avance la vie du royaume, se trouve incapable de contrôler son corps malade et sa politique assaillis de toutes parts. Il s'entête cependant à cacher sa faiblesse à la cour, à déguiser les marques du laisser-aller physique qui, rendues publiques, risqueraient d'ouvrir la porte aux désordres et à l'anarchie.

Puis, on dirait qu'il se produit un mieux. En tout cas, de 1690 à 1693, d'Aquin ne mentionne plus de fièvre bien qu'il note des maux de tête et des vapeurs. Mais faut-il le croire ? Ce sont ses dernières années au service du roi. Assuré de sa charge de premier méde-cin, et plus courtisan qu'Esculape, sa vigilance se relâche, le *Journal* s'écourte, puis s'arrête à la fin de 1692. D'Aquin semble se désintéresser de son royal patient. En tout cas, celui-ci le remplace par l'attentif Fagon qui, après onze mois d'interruption, reprend le *Journal*, résumant ce qui s'est passé entre-temps. Et le ton change.

Dès mai 1693, il était question de rhumatismes, de saignées et de vapeurs. Puis, alors que le roi était revenu d'urgence de l'armée de Flandre le 26 juin, s'exposant au soupçon de faiblesse et de couardise, comme le note Dangeau, Fagon est formel : si le roi lui paraît « abattu et plus sérieux qu'à l'ordinaire », c'est qu'il est éprouvé par plusieurs accès d'une fièvre qui « était un retour de celles qui revenaient de temps en temps depuis plusieurs années ». Infusion de vin, quinquina, eau de fleurs d'oranger — la routine reprend, avec les vertiges, et autres maux. Le roi se précipite à Marly pour se faire soigner dans le secret. Ni Dangeau ni Saint-Simon ne se doutent de l'altéra-tion de sa santé. Seuls sont au courant Fagon et Madame de Maintenon qui s'entendent comme des larrons en foire. Madame de Maintenon est ravie de retrouver le roi bien qu'il soit aussi mal portant que quand elle l'avait quitté, et Fagon saisit l'occasion de faire preuve de ses compétences douteuses. Voici le récit de Fagon :

« Mais étant revenu, par son ordre, à Marly sur les sept heures du soir, je le trouvai dans la chaleur d'un accès de fièvre, qui avait commencé entre deux et trois heures, par un froid d'environ trois heures. Ce mouvement de fièvre devait se compter pour un quatrième accès, le roi nous ayant avoué qu'il avait passé les trois nuits précédentes avec beaucoup d'inquiétudes et de chaleur, sans pouvoir presque dormir. Et comme cette fièvre était un retour de celles qui revenaient de temps en temps depuis plusieurs années, et que devant être comptée double-tierce, il était important de l'arrêter au plus tôt, nous crûmes nécessaire, M. d'Aquin et moi, de faire prendre du quinquina à Sa Majesté aussitôt que la fièvre serait assez lâchée, pour lui donner une infusion de vin chargé d'un scrupule de nouvelle poudre [quinquina] ajoutée à chaque prise, pour le faire agir plus promptement et plus assurément. »

Le séjour à Marly est fiévreux et morose. Ce n'est qu'à partir du 12 juillet que le roi permet qu'on lui rende visite, deux fois par semaine. Pas de concert, sans doute parce que la musique lui crève les tympans sensibilisés par la fièvre. Rien ne semble divertir le roi, pas même le don des drapeaux pris à l'ennemi. L'excitation de la victoire de Neerwinden ne l'émeut pas. Il se retranche derrière sa façade, mais le corps a du mal à bien paraître sous les ombrages de Marly. Terrassé par la fièvre et les vapeurs, le roi se couche et reste au lit une semaine. Il confie à Fagon qu'il est « très dégoûté contre l'ordinaire de ses maladies [...] rebuté de ce remède [quinquina] et l'estomac dans une si grande angoisse ». Tous les prétextes sont bons pour ne pas rentrer à Versailles. Même quand il se sent mieux, le roi continue à traîner son corps engourdi à Marly.

D'une manière intermittente, Louis continuera à souffrir de la fièvre jusqu'à la fin de sa vie. Mais d'autres maux le préoccuperont davantage. L'angoisse de 1693 ne se répétera pas, du moins pas à cause des états fiévreux. Mais, psychologiquement, c'était une crise exemplaire. N'est-ce point à ce moment que le roi se décide de ne plus commander ses armées ? En tout cas, il est découragé. En 1694, La Palatine écrit : « Le Roi se laisse aller, il s'affaisse, il paraît gros et vieux. C'est comme si Sa Majesté était devenue plus petite ; le visage est changé ; à peine est-il reconnaissable ; de jour en jour il se ride davantage. » Pourtant le roi n'a que cinquante-six ans et il a passé le cap fatidique de la cinquantaine qu'aucun roi de France n'a atteint. Croit-il encore à la divinité de son étoile ? Retranché dans son palais de marbre, loin du monde extérieur des réalités, Louis cherche un refuge dans son jardin, comme si les couleurs des milliers de fleurs pouvaient lui faire oublier la misère noire de la France exsangue. Le corps vieillissant est plus proche de la réalité et s'identifie aux misères du royaume qui sombre avec son maître. Même si on masque la réalité et qu'on essaie d'y échapper dans les bals, les mascarades et les carnavals, l'image du roi, qui peut à peine se soutenir, n'est plus celle d'Apollon rayonnant.

CHAPITRE VI

L'ENVELOPPE DU CORPS

> « La cour est la plus belle comédie du monde. »
>
> Primi Visconti

Comme Louis aime le spectacle, il se fera le metteur en scène de sa propre histoire, dans un décor qu'il créera à sa dimension, avec des règles théâtrales qui seront son étiquette. Chacun a son rôle dans un espace et un temps qu'il ne doit pas outrepasser. Le sien n'est pas le plus mince, même si la parole est limitée, car le roi n'est pas un grand bavard. C'est le rôle du Roi-Soleil rayonnant dans sa gloire.

En effet, sacré à Reims en 1654, Louis est maintenant le prince miraculeux, l'objet d'adoration monarchique, et l'absolutisme devient la nouvelle religion de toute la cour. Mieux qu'aucun roi dans l'Histoire, Louis saura exploiter le droit divin et s'en servir comme l'instrument de son autorité. Sa foi, peut-être sincère, est pourtant celle du charbonnier. Mais la nature quasi divine du roi en fait un demi-dieu. Il suffira d'ajouter un soleil comme emblème pour faire de Louis une divinité païenne, un Jupiter ou un Mercure. Fénelon le lui reprochera : « Votre religion ne consiste qu'en superstitions, en petites pratiques superficielles [...] Vous rapportez tout à vous, comme si vous étiez le Dieu de la terre, et que tout le reste n'eût été créé que pour vous être sacrifié. »

En peinture, il est donc logique que Louis soit toujours représenté plus grand que ceux qui l'entourent. Qu'il soit assis, portant une perruque léonine, coiffé d'un chapeau d'autant plus voyant qu'il est le seul à en porter dans l'assistance, ou qu'il soit debout, la taille rehaussée par les talons, par le costume somptueux, et par la pose au premier plan, Louis domine toujours la scène. L'artiste s'applique à le peindre dans des positions où la puissance irradie de tout son corps et attire l'œil du spectateur subjugué : le roi sur une estrade entouré de courtisans pliés en deux ; le roi visitant les manufactures, le public en contrebas ; le roi plus emplumé et chamarré que les autres, caracolant sur un cheval. Tout effet de trompe-l'œil est bon pourvu qu'il atteigne son but : exalter la grandeur de Sa Majesté. Si le corps a ses maux quotidiens et des malaises qui ne quittent guère le roi, il faut en masquer la décrépitude, l'odeur et les faiblesses par un revêtement somptueux. L'important est de satisfaire le sens de la gloire. Or, pour remplir son office spectaculaire, il faut que le roi se montre parfois à son peuple.

Le masque du roi-théâtre doit être à la hauteur de tous les spectacles qu'il offre au public, surtout ceux des cérémonies du toucher. Celles-ci avaient lieu quatre à cinq fois l'an, généralement la veille des grandes fêtes comme Noël, Pâques, Pentecôte, Assomption, Toussaint ; elles étaient annoncées longtemps à l'avance par des affiches ou au son de trompe. Elles attiraient des visiteurs étrangers de marque, foule bigarrée qui accourait d'au-delà les frontières pour admirer le pouvoir sacré du roi Très-Chrétien

que l'on traitait souvent en immortel. Le roi thaumaturge tient son rôle sérieusement. Même indisposé ou
exténué par ces séances, il dispense ses rayons sur des
milliers de têtes de scrofuleux, parfois jusqu'à trois
mille en une journée. Traînant une jambe goutteuse
dont le pied est emprisonné dans son soulier moucheté, ou assailli de vertiges, le roi se sacrifie pour ses
sujets comme le pélican rédempteur, mais n'oublie
jamais de « paraître ». En plus, le jeudi saint, le roi
lave les pieds de treize enfants pauvres, choisis et
examinés par les médecins qui leur coupent les cheveux et les ongles de pied. Habillés de rouge, ils sont
présentés au roi qui leur lave le pied droit et remet à
chacun une bourse rouge contenant treize couronnes.
Les séances du toucher et le lavement des pieds sont
les seuls moments où la chair royale se trouve en
contact direct avec son peuple dont il ignore tout et
dont pourtant il partage les incommodités physiques.
Comme les malades qu'il guérit, il souffre de maladies
cutanées qui marquent l'enveloppe du corps caché
jusqu'aux mains et au visage.

A quinze ans, Louis est déjà incommodé « d'une
dureté squirreuse, entièrement dure, et de la grosseur
d'une fève, au bout du tétin droit », sorte de tumeur
qui récidive au sein gauche un an plus tard. Vallot la
traite avec un emplâtre composé de fraie de grenouille
et de mucilages ; il guérit le roi en trois semaines !
Vallot semble très fier de cet emplâtre que l'on
fomentait avec de l'urine et qui avait la réputation de
guérir les écrouelles. Il l'avait inventé pour les religieuses handicapées par des loupes aux genoux, appelées « pierres de sainteté », car elles étaient dues aux
austères séances à genoux. En plus de l'emplâtre
contre cette tumeur qui aurait pu « dégénérer en un
mal plus fâcheux et de plus grande conséquence », le
médecin confectionne des pilules à base de pierres

d'écrevisses et de perles utilisées comme « remèdes internes pour arrêter le cours, ou plutôt la génération d'une matière qui était capable de faire quelque grand désordre dans les parties nobles dont il tenait sa racine ». Quelles étaient ces parties nobles dont parle Vallot ? S'agissait-il du cœur du roi ? La tumeur au sein est suivie « d'une quantité de dartres vives et farineuses, avec démangeaisons et écorchures de l'épiderme ». Ces dartres étaient d'abord apparues à la suite de la petite vérole en 1647. Vallot les appelait alors « espèce d'érysipèle » et les avait soignées, en désespoir de cause, par une bonne saignée. Déjà enfant, Louis avait tendance à ces poussées d'eczéma qui lui gonflaient la peau. Les médecins les expliquaient par le tempérament chaud et bilieux du roi qui, à sa naissance, avait le corps couvert « d'une quantité de gales et d'érysipèle ». En plus, dans un monde de promiscuité comme Versailles, il ne fallait pas s'étonner que le roi subît l'assaut des puces et des punaises. Mais la plupart du temps, les démangeaisons « qui l'incommodaient par tout le corps », accompagnées d'une sensation de chaleur dans les mains, étaient aussi dues aux crises d'urticaire déclenchées par les allergies alimentaires, bien que les médecins n'y vissent que les « marques certaines d'un sang échauffé et qui bouillait dans ses veines ». Cette disposition aux démangeaisons et aux maladies cutanées inquiète sans doute le roi quand il touche les scrofuleux qu'il est censé guérir par son toucher miraculeux.

Y a-t-il des raisons psychologiques à ces troubles ? Le roi a seize ans quand il se fait sacrer, prenant conscience de ses responsabilités. Il doit mener de front sa vie politique et ses tendres amours avec Marie Mancini, tout en marchant vers la gloire et sa place au centre du monde. Mais n'est-ce pas une charge trop

lourde pour ses jeunes épaules ? On ne peut s'empêcher de faire le rapprochement entre ses premiers
efforts pour s'affirmer et l'apparition de la tumeur, de
l'érysipèle et des dartres dans ces années 1654, 1655 et
1656 qui ne sont pas de tout repos. Ces maladies
cutanées ne sont-elles pas des troubles psychosomatiques ou allergiques qui apparaissent chez le roi
pendant les périodes d'anxiété ? Ce sont déjà les signes
qui annoncent les vertiges et les migraines qui, quelques années plus tard, pourraient être aussi des
manifestations physiques de la tension d'un roi qui
s'était enfermé dans une étiquette rigide et lourde à
supporter. Le besoin d'être entouré d'une grande cour
n'est pas uniquement le reflet de sa politique absolu-
tiste, mais aussi le désir de se sentir rassuré autant
que vénéré. Dans ce sens, parmi toutes les peintures
qui font du roi un objet de vénération, celle que
peindra Lebrun en 1674 est particulièrement significa-
tive. Le roi est représenté agenouillé, adorant le
Christ en ascension qui le regarde avec un air de
bienveillance. Cependant le personnage central reste
le roi en contrebas. Un casque empanaché d'une
cascade de plumes écarlates, seule tache rouge au
milieu de la peinture, attire l'attention du spectateur
et lui rappelle que l'objet de vénération est l'image
royale — image triplement encadrée par le panache
rouge, le blanc de l'hermine et le bleu du manteau
fleurdelisé à l'arrière-plan. « Dans ce silence inouï de
la terre, il montait dans l'apothéose, ne voyant plus ce
monde, entendant tout au plus quelques plaintes
soumises et de faibles gémissements, mélodie du
triomphe, douce au triomphateur, quand il entend
derrière l'esclave soupirer et prier », écrira Michelet.

En tout cas, dès son adolescence, il poussait aussi
dans les mains de Louis des « poireaux » qui n'étaient
rien d'autre que des verrues que l'on faisait disparaî-

tre avec des badigeonnages d'huile d'or. Les médecins
ne s'attardent guère sur ces excroissances qui ne
présentaient aucun intérêt pour eux. Mais comment le
roi pouvait-il toucher les écrouelles avec des mains
couvertes de verrues ? Cependant Majesté oblige ! Ses
mains ointes de l'huile sacrée du sacre étaient l'instrument de la puissance divine qui lui conférait le
pouvoir thaumaturge. Le roi devait présenter des
mains impeccables de blancheur, semblables à des
fleurs de lys, symbole de sa pureté. « Le roi te touche,
le roi te guérit », disait-il en traçant un grand signe de
croix sur le visage du malade. Après la cérémonie,
bien que les rois, dit-on, ne puissent attraper ni peste
ni autre maladie de peau, Sa Majesté se purifiait les
mains par trois lavages, avec trois linges mouillés, le
premier au vinaigre, le deuxième à l'eau pure, le
troisième à la fleur d'oranger, tout le rituel placé sous
le signe de la Trinité.

Les médecins ne se sont guère penchés sur le corps
visible du roi, sur son enveloppe d'apparat. S'ils l'ont
encensé, c'est sur le chapitre de la résistance au mal,
et il n'y a qu'une allusion à son visage faite par Fagon
en 1693. Quand il écrit ses réflexions sur le tempérament du roi, il fait une digression sur « sa peau
blanche, au-delà de celle des femmes les plus déli-
cates, mêlée d'un incarnat merveilleux, qui n'a changé
que par la petite vérole, s'est maintenue dans sa
blancheur sans aucune teinte de jaune, jusqu'à présent ». Appréciation en contradiction d'ailleurs avec
celle de Primi Visconti qui lui voyait plutôt le teint
jaune, les traits réguliers, certes, mais dans un visage
sans aucune beauté et marqué de la petite vérole. Le
visage charismatique du roi n'est pourtant pas épargné : il lui poussait souvent sur le bord des paupières
de petites excroissances semblables à des têtes
d'épingle. Il fallait que le chirurgien les coupât avec

les ciseaux pour que le roi fît bonne mine. Toute sa vie, Louis se préoccupa de son apparence physique. C'était une manière d'en imposer à son monde, tout particulièrement pendant les séances du toucher royal. La popularité du toucher des écrouelles dans une France livrée aux luttes religieuses contribuait à la splendeur royale, et servait de prétexte aux pompes solennelles importantes pour l'image de marque de l'absolutisme.

Le visage, masque d'où émane l'aura du roi, doit donc être poli par les médecins pour jouer son rôle, maintenir la vénération des courtisans. Mais ce n'est pas toujours facile. Quand ce n'est pas l'érysipèle qui couvre la peau de dartres, c'est l'oreille du roi qui suppure : « Une douleur de l'épaule droite et de l'oreille du même côté qui, n'ayant été excitée que par une cause extérieure, c'est-à-dire d'avoir été trop longtemps à cheval et au soleil violent de l'été qui avait fondu quelque humeur dans la tête, se passa en peu de jours par le repos et l'évacuation d'une matière purulente et séreuse qui coula naturellement par l'oreille. » Malgré la douleur d'une otite suppurée, le roi doit dissimuler son mal physique au public. Mais il y a aussi des lésions moins visibles. En juillet 1683, la reine meurt d'un abcès à l'aisselle qui l'emporte en trois jours, car, « tous ses poumons étaient gangrenés, et qu'il se trouva dans sa poitrine une pinte de matière purulente épanchée ». Curieusement, deux mois après, le roi souffre aussi d'une inflammation des glandes sudoripares qui dégénère également en un abcès : « Il parut sous l'aisselle gauche une petite tumeur en forme de clou qui s'ouvrit et suppura le premier jour d'octobre. » Pendant deux mois, trois abcès percent et suppurent sous l'aisselle du roi que d'Aquin soigne avec une pommade faite avec des os de pied de bœuf mélangée de fleurs d'oranger pour ôter la mauvaise odeur. La reine n'était-elle pas morte

d'une scepticémie due à un abcès mal soigné ? Le
risque pour le roi était donc réel, et l'angoisse d'autant
plus vive qu'il était sujet aux furoncles. En fait, cette
prédisposition aux furoncles montre que le roi est déjà
diabétique à cinquante-huit ans.

Ainsi, en 1696, en mettant sa perruque un matin, il
perçoit une douleur à la nuque qui dégénère vite en
furoncle après l'application d'un cataplasme de pulpe
d'oseille et d'oignons de lys. Le roi garde la chambre
pendant quinze jours, dans l'impossibilité de se tenir
debout, de supporter les élancements et le poids de cet
anthrax « qui occupait tout le cou, d'une oreille à
l'autre, de la largeur de quatre doigts de haut en bas,
épaisse de deux travers de doigt, avec une dureté et
une rougeur brune épouvantable, ce qui formait une
masse en carré long que l'on ébranlait tout entière,
comme un morceau de chair rôtie ». Toute une pharmacopée de plantes et de fleurs sert à confectionner
des emplâtres ramollis à l'huile d'olive ou au sain-
doux, jusqu'à ce que ce furoncle gigantesque à l'humeur « farouche », et au désordre « funeste »,
commence à se percer d'une multitude de trous d'où
s'écoule du pus. On incise le furoncle pour permettre
une guérison plus rapide, mais elle ne survient qu'un
mois plus tard, après être passée par une phase de
pourriture, où des lambeaux de peaux corrodées par le
pus s'exfolient avec « des morceaux de panicule de
chair réduits dans l'état où sont des tranches de
viande desséchée en les rôtissant ».

Il s'agissait d'une véritable crise diplomatique car,
d'une part, il était difficile d'échapper à la vigilante
curiosité des courtisans et de cacher un mal qui
mettait la vie du roi en danger, au vu et au su de la
cour et de l'Europe attentive au moindre désordre à
Versailles. D'autre part, le port de l'énorme perruque
faisant partie de la parure indispensable au paraître

du monarque qui avait la tête rasée, la chaleur de cette toison moutonnante ne facilitait pas la guérison de l'abcès, d'autant plus que le corps du roi, toujours engoncé dans de lourds vêtements, était sujet à de fortes suées qui marquaient son linge. Même frotté, pansé tous les matins, le corps mitonnait dans une moiteur constante dont il fallait effacer l'odeur rance par des artifices et des pommades. Le roi avait toujours tendance à transpirer, pour des raisons physiques ou nerveuses. C'est que, malgré un calme apparent et une parfaite maîtrise de soi, le corps suintait ses angoisses. Rien d'étonnant donc que, sur ce même anthrax, qui laissa une cicatrice plus grande que la main, apparaît en 1704 un autre furoncle qui dure six semaines et laisse les médecins perplexes. Louis ne put jamais se défaire de cette cicatrice qui le tiraillait et stigmatisait son cou d'une croix.

Les dents étaient un autre sujet de tracas et de mortification pour la « gloire de l'univers » qui, pendant trente ans, dut cacher un sourire édenté derrière une bouche pincée. Doté de dents « naturellement fort mauvaises » dans sa jeunesse, Louis en vieillissant perd la capacité de mâcher ses aliments. En 1676, il a des douleurs de dents, et dix ans plus tard, il ne lui en reste plus une seule à la mâchoire supérieure et celles du bas sont cariées. Il n'a que quarante-sept ans. Les essences de girofle ou de thym apaisent les douleurs, et, quand elles deviennent insupportables, le dentiste royal soigne ou arrache les chicots noirâtres du roi avec un « élévatoire », invention nouvelle. Bien que l'instrument soit en or, le roi souffre le martyr, et bien souvent les essences calmantes sont si fortes qu'elles brûlent la bouche et excitent à vomir. Comme précise d'Aquin, avec un cynisme qui transparaît tout au long du *Journal*, il ne faut se servir de l'élévatoire que dans l'extrémité de la douleur.

Louis avait de fréquents abcès aux gencives qui enflaient ses joues et déformaient son visage. Avant d'ouvrir les abcès à la lancette, on y appliquait des cataplasmes de mie de pain et de lait qui ne devaient certes pas embellir le masque du roi-théâtre. Mais c'est en 1685 que survient l'épreuve la plus épouvantable : le roi est affligé d'un trou dans la mâchoire supérieure gauche dont toutes les dents avaient été arrachées. Ce trou était la conséquence « de l'éclatement de la mâchoire arrachée avec les dents qui s'étaient enfin cariées ». D'Aquin ne remarque pas la douleur qu'avait dû déclencher cette fâcheuse opération, mais note l'inconvénient pour le roi d'avoir un trou dans la mâchoire qui, « toutes les fois qu'il buvait ou se gargarisait, portait l'eau de sa bouche dans son nez, d'où elle coulait comme d'une fontaine ». Dangeau signale dans son *Journal* que le roi garda ses appartements pendant le mois de janvier. Et pour cause ! Il fallait remédier à cette cavité, qui non seulement avait dégénéré en carie de l'os, mais accumulait des matières organiques pourrissant et dégageant une odeur « forte et quasi cadavéreuse dans les mucosités qu'il mouchait ».

On fit venir le premier chirurgien, Félix, qui cautérisa à la pointe de feu les bords de la gencive aussi profondément que la carie de l'os le demandait. Il appliqua quatorze fois le bouton de feu, avec l'aide du valet de chambre Dubois, qui « paraissait plus fatigué que le Roi ». D'Aquin en profite pour vanter la constance inébranlable du roi. Pas une seule fois dans le *Journal*, il n'est fait mention de la douleur que Louis XIV pouvait ressentir pendant ces tortures, qu'il s'agisse des pointes de feu, du bistouri du chirurgien, de l'arrachage de dents et autres vilenies par le feu et l'acier. Mais cette fameuse résistance au mal, tant louée par les mémorialistes, n'était peut-être que la gêne et la honte de se livrer aux gémissements normaux chez d'autres êtres humains. Contraint de protéger son image de marque divine, le roi ne pouvait se laisser aller à se comporter humainement sans risquer de rabaisser son image royale.

Après les applications de feu, les gargarismes d'eau vulnéraire et d'eau de fleurs d'oranger « pour résister à la pourriture », ce ne fut qu'en février que le roi put retrouver l'usage de sa bouche, les gencives ayant engendré des « chairs abondantes et si solides » que le trou dans la mâchoire s'en trouva bouché une fois pour toutes. Cela n'empêcha pas le roi de se plaindre jusqu'à la fin de l'année de la mauvaise odeur qui se dégageait de son nez, venant sans doute des mucosités corrompues qui s'étaient accumulées dans les parois nasales et dont le roi eut du mal à se débarrasser.

Quand on sait que c'est en 1683 que Louis XIV épousa Madame de Maintenon, on se dit que cette année devait être bien platonique. Le roi goutteux, refoulant du goulot, pourrissant du palais, ne calque pas avec l'image du roi séduisant que nous donne à cette époque Primi Visconti : « Elle est toute royale et pleine d'une majesté qui charme. » Quelle humiliation d'être obligé de traîner une odeur inquiétante de pourriture, sans compter l'angoisse de n'en pas bien comprendre la cause et la durée ! Quelle frustration de ne plus pouvoir mâcher de guimauve, de cachou ou de sucre rosat qui faisaient mal aux dents !

En 1707, « le roi se fit tirer le chicot, qui sortit presque sans douleur ». Sans doute, était-ce le dernier « chicot d'une dent du bas dont la pointe l'incommodait ». Il n'avait pu l'extirper de lui-même, et bien que l'ayant titillé pendant des jours, la tumeur gagna la mâchoire, accompagnée de douleur et de pesanteur qui se faisaient sentir jusqu'à l'épaule et la gorge. « L'ébranlement du chicot avait donné occasion au mouvement de l'humeur qui se répandait sur tous les endroits où S.M. sentait de la douleur. » C'en était fini des derniers chicots du roi. Le « corps en représentation », ostentateur et séducteur, perdait les derniers attraits de son enveloppe charnelle, alors que l'éclat de son soleil s'éclipsait.

CHAPITRE VII

LE CORPS PERCLUS

« Pour toute ambition, pour vertu singulière,
Il excelle à conduire un char dans la carrière,
A disputer des prix indignes de ses mains,
A se donner lui-même en spectacle,
A venir prodiguer sa vie sur un théâtre,
A réciter des chants qu'il veut qu'on idolâtre,... »

RACINE, *Britannicus*

Les contemporains de Louis XIV louent sa taille imposante qui le faisait reconnaître au milieu de son escorte, son port noble, son air de grandeur, sa démarche majestueuse, sa jambe qu'il avait bien tournée. La jambe n'est-elle pas la partie la plus représentative du corps du roi ? Dès l'âge de neuf ans, Louis danse déjà dans les ballets qui avaient sans doute pour but de distraire son esprit de la Fronde, mais aussi de révéler une disposition dans laquelle le roi excellait et qui mettait sa jambe en valeur. A partir de treize ans, Louis danse des personnages précis, dans des ballets qui sont créés pour flatter sa grandeur, même si au début l'image du roi dansant fait plutôt songer à celle « de ces petits oiseaux qui chantent si bien » sautillant dans leur cage, comme l'écrit Mademoiselle de Scudéry en 1651. Pour briller et imposer à la cour « sa beauté mâle » et son air de majesté, Louis adolescent, déjà plus assuré de sa personne, n'hésite pas à danser avec des professionnels. « Notre jeune monarque ne se faisait pas moins connaître sous ses vêtements que le soleil se fait voir au travers des nuages qui voilent quelquefois sa lumière », écrit Renaudot en 1653. Piqué peut-être par les vers de *Britannicus* cités ici en exergue, où il aurait pu se reconnaître, Louis s'arrête de danser en 1669.

Le *Journal de Santé* nous présente une jambe tout autre. Le 6 mai 1682, la cour s'installe à Versailles où les fêtes se succèdent, en particulier en août pour célébrer la naissance du petit-fils du roi, le duc de Bourgogne. Louis XIV n'a que quarante-quatre ans et est atteint d'une première crise de goutte qui n'étonne pas les médecins, le père et le grand-père ayant été goutteux. La goutte, à l'époque, est le mal des grands de ce monde, des trop bien nourris, les ingurgiteurs immodérés de ragoûts épicés. On supplie le roi de tremper son vin, de manger moins de viande, pas plus de deux fois les jours de chasse et de souper moins richement. Mais les habituelles indigestions de quarante-huit heures se répètent, le roi engloutit toujours trop de truffes, de ragoûts épicés, de potages aux viandes variées, sans bien mâcher puisqu'il n'a presque plus de dents. Tant qu'il peut marcher, cela ne l'empêche pas de se botter et de partir à la chasse, bien que les retours ne soient pas toujours heureux, l'enflure et la rougeur du pied augmentent et montant jusqu'à la cheville. Nous sommes en 1682, quand Versailles devient résidence permanente de la cour, qui célèbre cet événement dans une succession de fêtes et de divertissements.

En 1683, il semble que s'enflamme tout le corps du roi : le pied droit est immobilisé par la goutte, l'épaule droite est atteinte d'un rhumatisme, de l'oreille droite coule une matière purulente et séreuse. C'est tout le côté droit royal qui s'irrite dans une grande poussée d'humeur. Les médecins ne sont pas très inquiets : selon eux, le mal est excité par le soleil violent de l'été et par l'excès de cheval. Puis c'est le pied gauche qui s'enflamme. On le bassine dans de l'eau tiède, et par précaution, on fait prendre au roi des pilules « martiales » à base de sel de tamaris et de minéraux sudorifiques, pour lui faire suer son mal, ainsi que de la poudre d'yeux d'écrevisses pour prévenir les hémorragies. A part ces petits maux, « le roi jouit d'une santé très parfaite », écrivent d'Aquin et Dangeau.

Marcher, monter à cheval, chasser deviennent un problème. Le roi qui aime se promener dans ses jardins est obligé d'utiliser la chaise à porteurs pour ses petits déplacements. L'enflure gagne parfois toute la jambe et l'immobilise plusieurs jours de suite, ce qui n'est pas sans conséquences sur la vie de la cour qui se fige autour du monarque impotent. Le roi a du mal à se lever et ne peut marcher sans se soutenir, ses pieds étant trop enflés et douloureux. Couché, il ne se porte pas mieux, la douleur le lancine, l'empêche de dormir et les nuits sans sommeil se répètent. La nuit, en effet, la douleur devient insupportable, malgré les applications de linges chauds. La chaleur irrite l'enflure et le roi préfère encore mieux garder hors du lit ses pieds gagnés par l'engourdissement du froid. A en croire les médecins, la purge est le meilleur moyen de débarrasser le roi de la goutte. C'est une routine : le linge chaud ou le refroidissement des pieds, la purge salutaire pour la goutte ou la course à la garde-robe pour l'évacuer. Bienheureux le roi quand il peut se tenir sur une jambe et se traîner dans un fauteuil pour y passer une partie de la journée, ou mettre ses bas et chausser un soulier « moucheté », sorte de chaussure fendue sur le côté qui laisse au pied plus de liberté, la fente pouvant être cachée par un nœud. Il n'est plus question de se botter ou d'exhiber une jambe bien faite, gainée de soie blanche et si souvent représentée au premier plan des peintures.

Quand il ne peut marcher, Sa Majesté se fait porter à la chapelle le matin pour y écouter la messe. Cela lui arrive de plus en plus souvent, parfois toute une semaine pendant laquelle il ne peut mettre ses souliers ordinaires et doit paraître chaussé d'un « soulier coupé » qui découvre le bout de son pied. Le roi clopine, appuyé sur sa canne, aidé de ses serviteurs, assis le plus souvent dans une cariole : il se fait rouler dans son jardin et passe le reste de l'après-midi dans un fauteuil sans pouvoir appuyer le pied malade.

Les accès de fièvre qui l'obligent à garder le lit et la goutte qui survient en même temps sont une double source d'agitation : le séjour au lit ne manque pas d'exciter encore plus la goutte. En 1696, le roi est triplement atteint : la fièvre, la goutte et un anthrax au cou. Immobilisé par la fièvre et la goutte, les élancements au cou, fatigué par les insomnies prolongées par la douleur, le roi tient toute la cour dans l'attente et l'ennui. Pour Fagon, il n'y a que la purge réitérée toutes les cinq ou six semaines qui puisse aider le roi à retrouver l'usage normal de ses jambes et contrebalancer les excès culinaires, les vins rouges capiteux et doux qui déclenchent des crises de goutte à ne pouvoir poser le pied par terre. Même quand la douleur disparaît, l'enflure demeure et s'installe dans le gras de la jambe jusqu'au talon. Le roi tient alors conseil, la jambe allongée sur un siège. La douleur se promène, passe tantôt d'un pied à l'autre et attaque même les doigts de la main. Dans un geste de coquetterie, « le roi ayant pris des souliers neufs, dont la semelle était un peu ferme et sèche pour avoir les pieds plus au juste, se promena un après-midi avec des galoches à Marly, par une pluie froide, pendant quatre ou cinq heures sans être incommodé ». Le lendemain, il est obligé de quitter ses souliers neufs pour chausser le soulier moucheté des mauvais jours. Il se promène et chasse dans un « fauteuil à roues », sorte de chaise roulante aux roues garnies de feutre. Même dans la peinture de Martin, le roi est assis dans sa machine roulante, les jambes goutteuses encore bien en évidence. La rougeur de la jambe n'est pas visible au public, mais il est difficile, malgré les artifices, d'en cacher l'enflure.

Pendant les vingt dernières années de Louis, Fagon se plaint constamment des « ragoûts forts de haut goût » et des poissons du Carême, causes de tous les maux, et en particulier de la goutte. Mais la table est un des grands moments de la journée, le roi doit s'y traîner et faire hommage à sa réputation, même s'il ne mange pas de tous les plats présentés. La Palatine remarque qu'elle a vu très souvent le roi « manger quatre assiettes de différentes soupes, un faisan tout entier, une perdrix, une grande assiette pleine de salade, du mouton coupé en morceaux et dans son jus avec de l'ail, une assiette pleine de pâtisseries, de fruits et de confitures ». Sans doute avait-il sur les tables de son cabinet et dans ses poches des friandises qu'il grignotait à longueur de journée comme Monsieur, son frère. Assis à sa table, devant la cour présente aux repas, le roi ne semble manquer jamais d'appétit ; même s'il n'a pas réellement faim, la moindre cuillerée de potage lui ouvre l'appétit. La jambe goutteuse, autrefois objet de louanges, est cachée sous la nappe. Le roi ne saurait montrer sa déchéance physique, ni son soulier coupé aux regards critiques des courtisans. Non seulement le paraître en souffre, mais la douleur est là pour lui rappeler qu'il est mortel et humain. « Par malheur, en faisant mener à table sa roulette, pour dîner, on lui poussa rudement le côté du pied contre le bois d'un tabouret, ce qui détermina particulièrement la douleur à cet endroit. »

Les médecins suppriment les vins de Champagne dont le piquant, disent-ils, agace les nerfs et aigrit le sang. Ils leur préfèrent les capiteux vins de Bourgogne plus salutaires, affirment-ils, parce qu'ils touchent mollement la langue, adoucissent et fortifient l'organisme, et ont l'avantage d'être bus en toutes saisons et de varier de bouquet. C'est lors de son sacre à Reims que Louis XIV avait goûté des vins blancs qui lui flattaient le palais ; or, les vins blancs favorisent la cristallisation et sont donc des facteurs déclenchant des crises de goutte, agissant d'autant plus violemment quand l'alcool est pris à jeun, ce qui était le cas pour le roi quand il ingurgitait ses potions. L'exemple royal avait été suivi par la cour qui avait adopté les vins de Champagne, qui ne furent champagnisés qu'à partir de 1668. Le roi se laisse donc convaincre par les arguments de ses médecins et abandonne facilement ces vins qui échauffent sa goutte et lui causent des vertiges et des démangeaisons par tout le corps, pour adopter les vins d'Auxerre et le « rossolis », sorte de ratafia de vin de Bourgogne et d'épices dont le roi raffolait. Mais le vin de rossolis n'est pas la boisson idéale pour lui rendre l'usage de ses jambes. L'excès de sucre et d'épices qu'il contient ne fait qu'exciter ses crises de goutte. Les mémorialistes, et même les médecins, nous ont laissé l'image d'un roi qui buvait peu de vin pendant ses repas, mais ils n'accordaient guère d'attention aux nombreux verres de rossolis épicés, et de vin dans lequel on diluait émétique et quinquina.

Comme ses mets étaient essentiellement à base de protéines et de corps gras d'origine animale qui diminuent l'élimination de l'acide urique, il n'est pas surprenant que le roi ait eu des crises d'hyperuri-cémie.

Il est difficile de calculer combien de jours du mois le roi passe dans son lit, cloué par la goutte. Plus il vieillit, plus il passe de temps à compter les heures de la nuit sans dormir. L'intrépide roi-guerrier n'est plus « cet astre redoutable » acharné au combat, assié-geant Namur en 1692, et que célébra Boileau. Durant le siège de Namur, le roi passe dix jours au lit, sans pouvoir poser le pied par terre, la goutte passant du pied gauche au pied droit, et « les deux pieds étaient très souvent enflés et douloureux jusques à empêcher de dormir ». La réalité ne se calque pas toujours sur les enjolivures des glorificateurs. Déjà, au fameux passage du Rhin en 1672, les panégyristes avaient oublié de préciser que la raison pour laquelle le roi (pas plus que Condé d'ailleurs) n'avait traversé le Rhin était que l'un et l'autre craignaient de se mouil-ler les pieds à cause de la goutte. De plus en plus souvent avec l'âge, il est obligé de « se faire porter ou mener dans sa roulette ». Les muscles et les jointures des jambes sont si engorgés de goutte qu'on a recours aux bains pour les baigner et les frotter dans un « lave-pieds de savon fondu dans de l'eau bouillante avec un peu d'esprit-de-vin ». La mauvaise circulation rend la peau engourdie et peu sensible à la tempéra-ture de l'eau. La chaleur fait fondre la goutte, mais elle fait desquamer « la peau dont l'épiderme s'en allait ». Qu'on se figure Louis le Grand trempant dans un bain quasi bouillant, ses deux jambes comme deux pattes de poulet sorties d'un bouillon ! C'est une image plus près de la réalité du monarque que celle que nous a laissée Rigaud quand, en 1701, il peignit un de ses derniers portraits officiels dans tout l'apparat royal. Étant tributaire de la goutte et des rhumatismes, le roi est en effet en bien mauvaise posture. Son étiquette en souffre. Immobilisé dans son fauteuil, il n'est plus question pour lui de divertissements, et la cour, comme un cocon dans sa chrysalide, hiberne dans l'ennui. Il y a bien encore quelques grands soupers et les petits dîners de Sa Majesté pour satisfaire les « goulus de la cour » et leur permettre de faire leur cour. Mais chaque plat offert est une tentation, le risque d'un progrès certain de la goutte qui travaille les divines extrémités. Fagon ne vient pas à bout de la fringale royale. Il a beau supplier le monarque « qu'il mangeât le soir de la viande, et à dîner quelques entrées sans ragoûts », les promesses ne sont pas éternelles, et le roi se laisse aller à son penchant naturel, compensation des jours de vieillesse. Les distances parcourues à pied s'écourtent : « Le Roi marcha le même soir depuis sa table jusqu'à la ruelle de Madame de Maintenon » dont les appartements ne sont guère éloignés de la table du roi. Le roi est reclus dans la ruelle de la bigoterie, entre un confesseur tyranique et une femme qui commence à trouver le temps long et réduit aux plaisirs les plus communs comme « manier et tourner son pied pour couper des ongles et les cors ». Roi perclus, emmailloté comme un enfant dans son manteau d'ouate, enfoncé dans des oreillers de plumes, suant sous une couette qui le maintient dans une moiteur aigre. En effet, « les sueurs [...] sont très importantes pour le sauver de beaucoup de maux, et lui font un très grand bien ». Le corps du roi est manipulé comme un pantin que l'on emmaillote et démaillote entre deux frictions de « linges chauds par tout le corps », emmitouflé d'une doublure de flanelle le jour, de sa manche de duvet la nuit.

« La goutte dont il avait eu de longues attaques avait engagé Fagon à emmailloter le roi, pour ainsi dire, tous les soirs dans un tas d'oreillers de plume qui le faisaient tellement suer toutes les nuits, qu'il le fallait frotter et changer tous les matins avant que le grand chambellan et les premiers gentilshommes de la chambre entrassent », écrit Saint-Simon.

Le corps fréquemment en sueur, bouchonné, frictionné « toutes les fois qu'il se sent moite après avoir fait quelque exercice », enduit de baume pour protéger le bras rhumatisant, le roi « suait beaucoup à Versailles ». Les grands repas et la variété des plats épicés aidant, il se sent toujours échauffé la nuit. La transpiration dessèche la bouche du roi qui a constamment besoin « de boire et de se laver la bouche dans ces occasions, pour se rafraîchir et s'humecter », et en même temps libérer le ventre qui est le régulateur de tout l'appareil. Aiguillonné par les élancements de la goutte, il continue à mettre ses pieds hors de sa couverture pour les rafraîchir, ce qui met Fagon dans tous ses états : « Le roi, qui avait fait dégarnir ses habits et ôter le feu de sa chambre, a cessé de suer la nuit, et le mauvais temps l'ayant morfondu, non seulement sa tête en a été plusieurs fois appesantie, mais il a ressenti quelques menaces de goutte ». Que le roi mette sa manche de duvet, qu'il permette d'allumer du feu, « qu'il sue à tout percer », et le voilà à l'abri des rhumatismes et de la goutte. Mais Fagon se trompe, les sudations répétées et forcées ne font que provoquer des crises de goutte et l'amaigrissement du sujet. Peut-être est-ce la raison pour laquelle Louis XIV ne grossit pas en vieillissant, malgré son appétit titanesque.

La manche de duvet, les couvertures et les doublures d'ouate, les flanelles ajoutées aux justaucorps sont les marottes de Fagon. « Suer considérablement en dormant » est la méthode qu'il emploie pour soulager le roi qui est d'un naturel à avoir toujours trop chaud et transpire facilement. C'est avec reproche que Fagon note que le roi « mit les bras hors du lit le matin pour éviter la nécessité de changer de linge ». En plus, Sa Majesté a toujours une « garniture prête dans sa chambre pour changer tous les matins en s'éveillant, pour peu qu'elle soit mouillée, et le jour lorsqu'elle sue beaucoup ». La garniture varie avec les saisons, le manteau d'ouate pour la nuit, les vestes de satin ou de lin ouatinées pour la journée. Qu'il s'agisse d'un rhume ou d'une crise de goutte, l'obsession de l'évacuation, qu'elle soit anale ou sudoripare, n'a pas de limite. Jusqu'à la fin de sa vie, le corps du roi, qui est un mystère pour lui, et pour la Faculté, sera soumis aux purges et aux sueurs imposées par les médecins. Si le roi a la tête chargée d'étourdissements, on l'attribue au défaut de transpiration, ou au fait que le ventre ne désemplit pas. Ventre, tête et jambes sont liés par un facteur commun, « l'humeur goutteuse », qui se déplace suivant les saisons. L'équinoxe, étant la saison la plus critique, le ventre se resserre, l'humeur vagabonde se porte sur la tête ou sur les jambes. L'équinoxe de septembre en particulier, qui est le temps des grandes marées et des tempêtes, est souvent noté dans le *Journal* comme étant le moment critique pour le roi. C'est le moment où le soleil passe de l'hémisphère nord à l'hémisphère sud. En quoi le Roi-Soleil pouvait-il être affecté par ce mouvement qui détermine les grandes marées ? Son corps, sous l'influence lunaire, ressentirait-il la houle des humeurs ? Le temps a autant d'importance que les saisons : s'il est au froid et au sec, la jambe désenfle, perd de sa rougeur et de sa pesanteur.

Si les médecins accordent autant d'importance à l'astrologie qu'au temps, c'est qu'il leur faut bien trouver une explication à leur impuissance. L'assiduité aux longues messes et autres offices du Carême, le mauvais temps qui l'empêche de sortir, les séances interminables de la semaine sainte et le toucher des écrouelles épuisent le roi. L'humiliation de devoir se faire porter à la chapelle aux yeux de tous, la jambe enflée par la goutte, les pieds chaussés de souliers coupés rabaissent son image ; il n'en impose plus par son allure majestueuse. La vieille machine se rouille et les dernières années se terminent aussi tristement que les premières années avaient été brillantes. « Amuser un homme qui n'est plus amusable » est un supplice, confie Madame de Maintenon dans sa correspondance. Le confesseur et les affaires de l'État remplissent les mornes journées du monarque, au vu et au su d'une Europe coalisée et méprisante. Le roi ne se défait pas du fond de mélancolie qui dure depuis la mort du dauphin. Il n'est plus qu'un automate qui répète les mêmes gestes. La machine politique et la machine humaine tournent dans la routine des mêmes tracas accumulés. Il s'agit d'y survivre tant bien que mal. Le roi est morose, mais refuse de changer le rythme de sa vie et continue le régime de Fagon : transpirer à outrance.

Dans ce siècle où la crasse est l'élément naturel de tout un chacun, Louis XIV fait figure d'exception. Certes, il n'aime pas les bains en chambre, mais tous les jours son corps est bichonné, frotté à l'eau de toilette. Ce besoin de faire corps net reflète son aversion pour les foules, la vue de la misère, la marginalité. On ne peut imaginer le roi admirant les manants peints par Le Nain qui n'auraient pu que lui rappeler les réalités du royaume et troubler son aspiration à l'ordre. Dès 1656, Louis avait fait construire la Salpêtrière, l'hôpital général des pauvres, qui deviendra vite une « enfermerie » qui nettoiera Paris des éléments indésirables : malades, infirmes, aliénés, prostituées. Dans ces maisons de correction qu'étaient les hôpitaux s'entassaient pêle-mêle une foule de gens qui vivaient dans la promiscuité, la saleté et les épidémies, et où les prisonniers autant que les malades subissaient les mêmes traitements cruels, surtout à partir de 1685, triste année de la révocation de l'Édit de Nantes. L'image du corps perclus chez les autres ne pouvait qu'évoquer au roi podagre son propre tourment. Il préférait regarder Lebrun dévoiler les toiles du plafond de la galerie des Glaces reflétant les ors de ses heures glorieuses, agrémentées d'inscriptions ronflantes célébrant le roi face aux nations terrassées. « Le roi regarda froidement, trouva cela naturel, ne fit aucune objection », commentera pertinemment Michelet.

Pendant les trente-trois dernières années, le roi traîne ses jambes goutteuses jusqu'à ce que la gangrène attaque la « jambe bien tournée » et gâte la partie de son corps qu'il sut le mieux utiliser pour séduire et imposer. Même dans des dernières peintures exécutées entre 1701 et 1715, en particulier dans le portrait de Rigaud, la jambe est la partie du corps du roi la plus attirante, élégante et intacte de toute détérioration. La chaussure étroite, la jarretière soulignant le galbe fin de la jambe gainée de soie blanche, visible jusqu'à mi-cuisse, sont les artifices mensongers qui ne servent qu'à cacher la réalité d'une extrémité goutteuse et rougie par l'enflure. Le roi traîne sa jambe plutôt qu'il ne l'exhibe. Certes dans le tableau, elle retrouve son emphase, projetée en avant, dispro-portionnée, éternellement jeune, prête à esquiver un pas de danse. Cependant, à la regarder de plus près, elle ne semble plus articulée sur le reste du corps vieilli, produisant un effet de contraste, surtout par rapport au visage affaissé par l'âge. Avec la haute perruque, les talons hauts et l'imposant manteau de cour, la jambe représentée sert à dissimuler du « modèle d'un héros achevé » la carcasse péniblement portée par de maigres jambes réelles.

CHAPITRE VIII

LE CORPS OUTRAGÉ

« Jusques-là se peut-il que le ferme cœur aille ?
Louis prend son parti, sans qu'on n'en sache rien,
Comme du corps d'un autre il ordonne du sien,
Et sur lui de sang-froid veut que le ciseau taille.

Plus fier que s'il traçait l'ordre d'une bataille,
Il couvre son projet d'un tranquille maintien,
Au fort de la douleur se commande si bien,
Que nul cri n'interrompt les plaisirs de Versailles.

C'en est fait, et Félix ne l'a point épargné.
Qu'il vive et règne encor bien plus qu'il n'a régné,
Parques au fil de ses jours travaillez sans relâche

Menez-les ces beaux jours, glorieux, fortunés,
Aussi loin que des jours puissent être menés,
Les destins ont promis un siècle à votre tâche. »

BENSERADE

Tout commença, en janvier 1686, par une banale tumeur au périnée qui n'empêchait pas Sa Majesté de monter à cheval ou d'aller à la garde-robe. Cataplasmes de farine de toutes sortes, emplâtres de ciguë pour ramollir les chairs, n'arrêtaient pas les douleurs qui augmentaient. Toute une pharmacopée nouvelle fut mise à la disposition des médecins qui usaient tantôt du sparadrap de gomme et de térébenthine, tantôt du baume du Pérou, pour faire suppurer un abcès qui mit plus d'un mois à s'ouvrir, puis se resserra jusqu'à se refermer. On y appliqua une pierre à cautère de chaux vive pour faire fondre la tumeur qui avait durci et on l'ouvrit à la lancette. Du baume vert et une mèche placés dans l'abcès facilitèrent l'écoulement du pus. Des compresses trempées dans des décoctions de feuilles et de roses de Provins bouillies dans du vin rouge finirent par déterger la tumeur dans laquelle on injecta l'eau vulnéraire aux herbes variées, toutes sortes de suppuratifs et de fondants dont l'acrimonie brûlait le fondement et mettait le roi à l'agonie. Ce traitement dura jusqu'à ce qu'on découvrît un sinus profond de quatre travers de doigt dans lequel on injecta du baume vert « dont le Roi ressentit une douleur fort piquante et une envie continuelle et irritation d'aller à la selle », ce qui contraignit les médecins à cesser de l'utiliser pour éviter au roi de cuisantes douleurs.

Les divertissements sont réduits aux fêtes particulières dans les appartements du roi auxquelles ne sont conviés que les membres de la famille. Très incommodé par cet abcès qui suinte et la matière qui s'en écoule, le roi est obligé de changer d'habit deux à trois fois par jour et contraint de garder la chambre. Il passe la plupart de son temps au lit où il écoute la messe et tient conseil, ne se levant que deux à trois heures par jour après dîner.

A la fin mars, le roi en est au même point. Il vit dans l'angoisse des nuits sans sommeil, harassé par la douleur, harcelé par ses médecins qui ne lui laissent pas de répit, car aussitôt qu'il donne le moindre signe de rétablissement, c'est le clystère et le bouillon purgatif qui le vident, jusqu'à douze fois de suite, de la matière fécale, obsession des médecins qui y cherchent la réponse au mal.

Aux dires de d'Aquin, tout semble rentrer dans l'ordre, mais l'ulcère suppure toujours. Malgré les injections d'eau de chaux et les régimes culinaires, la guérison ne s'achève pas. Ce n'est que quatre mois plus tard, en avril, que les médecins commencent à avoir la puce à l'oreille en constatant que les injections dans le sinus de l'abcès ne sortent pas entières, et que la matière fécale s'en échappe en plus. Les soupçons que le boyau est percé sont confirmés par une injection de décoctions de millepertuis rouge qui ressort de l'abcès par les intestins. Pour éclaircir des doutes, on introduit de la main gauche une sonde dans l'abcès et le doigt de la main droite dans l'intestin, jusqu'à toucher le bout de la sonde. Plus de doute ! Le roi a une fistule anale. Mais on ne connaissait pas très bien la cause d'une fistule. Certains l'attribuaient à l'excès de cheval, d'autres aux plumes dont étaient rembourrés les coussins, ou à l'abus de ragoûts. Hémorroïdes et fistule étaient souvent confondues.

L'Europe n'ignore pas le mal du roi qui en avait ouvertement informé la cour en mai. Il n'offrait pas de détails à la horde des courtisans toujours à l'affût de nouvelles sensationnelles, mais parlait « publiquement du bon état où était sa plaie ». Les déclarations du roi sont toujours optimistes et ne laissent paraître aucune appréhension. Celles du naïf Dangeau le sont tout autant ; c'est à croire qu'il est à peine au courant, se limitant à répéter que « son autre mal va toujours de mieux en mieux ». Si le roi a mal, c'est qu'il s'est trop démené, ou qu'il a trop marché dans son parc, mais « ce n'est rien de considérable », ajoute-t-il. Les considérations de d'Aquin sont factuelles et contradictoires. Il critique systématiquement les chirurgiens.

Pour lui, il n'y a aucun doute que les callosités de la fistule sont le résultat de l'excès de cheval...

Quand le roi n'est ni abattu par la fièvre, ni taraudé par la goutte, ni tourneboulé par des vapeurs, il sort se promener dans son parc, chasse en calèche, s'accommode plus mal que bien de la fistule qui l'empêche de monter à cheval, formant à l'anus « de petits culs de poules », gonflés par la matière retenue ou douloureusement évacuée. Malgré sa robuste constitution, la douleur rend le roi ombrageux. Sa résistance au mal lui facilite la tâche de cacher sa faiblesse humaine, mais les rides creusent son visage, et le pli amer de sa bouche édentée accentue l'expression de découragement devant la nullité de la Faculté. Le roi a quarante-huit ans, mais il prend un soudain coup de vieux. En octobre, il décide de se faire opérer, mais tient sa décision secrète.

A part Louvois, Madame de Maintenon, le confesseur, le chirurgien et le premier médecin, personne ne sait rien. Tout doit sembler normal pour ne pas alerter l'opinion publique. Pour éloigner les soupçons des courtisans, Sa Majesté passe les deux premières semaines de novembre à Fontainebleau. De retour à Versailles, pour tromper son monde, il continue à mener une vie routinière, aussi tranquille que lui permet son état de santé, ballotté entre quatre maux.

Pendant les mois qui précèdent l'opération, Louvois fait rassembler tous les fistuleux de Paris pour servir de cobayes aux médecins qui expérimentent des traitements sans succès. Il va même jusqu'à aménager son hôtel de la Surintendance pour y recevoir des fistuleux sur lesquels les chirurgiens se font la main. En ministre asservi, Louvois rend compte à son maître des piètres résultats des Esculape. Félix, célèbre chirurgien qui semble être le moins incompétent, met au point des instruments qu'il invente afin de faciliter l'opération et la rendre plus rapide et moins douloureuse. Louvois, avec son manque de scrupules notoire, fait activer les expériences sur les malades avec toute la maîtrise qu'il manifestait dans ses dragonnades. En attendant de délibérer d'une opération aussi importante, puisqu'il y allait de la vie du monarque, on pense à se rendre aux eaux de Barèges dans les Pyrénées, réputées faire fondre les callosités et favoriser la cicatrisation des chairs. Avant d'entreprendre ce voyage lointain, on jugea cependant utile d'envoyer aux eaux quatre fistuleux qui furent soumis là à tous les traitements, bains et injections, sans amélioration de leur état.

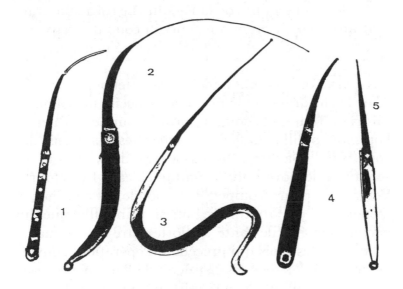

Le bistouri à la Royale utilisé par Félix
pour l'opération de la fistule est le n° 2.

Le temps passait et le roi devenait de plus en plus irascible. Les charlatans de tout poil défilaient à Versailles, proposant onguents et cures empiriques. Sur les conseils du chirurgien Félix, seul à assumer les responsabilités devant une armée de médecins ignares et couards, le roi se résout à subir enfin « la grande opération ». Félix ne l'avait jamais pratiquée, mais durant les longs mois de tergiversations, il avait eu le temps d'essayer sur les fistuleux des hôpitaux de Paris ses nouveaux instruments, dont le fameux bistouri à la Royale, à lame courbe en argent terminée par un stylet. Le tranchant de la lame était protégé par une chape pour faciliter son introduction dans la fistule. Le bistouri une fois introduit, il suffisait, pour couper la fistule, d'enlever la chape et de tirer l'instrument à soi en le tenant d'une main par le bout du stylet et de l'autre par le manche.

En attendant, entre deux accès de fièvre, le roi mène une vie de simulacres, traîne sa goutte et ses vapeurs, accepte stoïquement son mal. La veille du grand jour, il visite ses réservoirs et ses jardins, surveille les travaux, soupe en famille, paraît jovial, jusqu'au moment où, pris de douleurs intolérables alors qu'il se promenait dans son jardin, il décide de se faire opérer le lendemain même.

Sans doute, son impatience a aussi des raisons politiques. Depuis un moment, l'Europe a les yeux braqués sur le roi, surveille son comportement et sa santé. Déjà en février, le bruit avait couru qu'il était au plus mal. Jusqu'à la mi-avril, on note qu'il ne sort de ses appartements que pour assister à la messe à la tribune ou pour faire trois pas dans la galerie. On sait, en général, que la plupart des Bourbons ne passent pas le cap fatidique de cinquante ans, et Louis XIV en a quarante-huit. Les intrigues se nouent, même Madame de Maintenon commence à s'inquiéter de l'avenir. Le roi risque donc le tout pour le tout en subissant une opération qui met sa vie en danger, sachant que s'il s'en sort, son aura n'en sera que plus brillante tant à la cour qu'à l'étranger. Un coup de maître !

Le 18 novembre, à cinq heures du matin, le confesseur, d'Aquin et Fagon, quatre apothicaires, Félix et deux acolytes rentrent dans la salle de l'Œil-de-Bœuf par des portes différentes pour ne pas éveiller l'attention. Tout est préparé dans le cabinet des Bassans pour la grande opération. Les apothicaires administrent au roi un lavement préparatoire. A sept heures, Louvois et Madame de Maintenon rejoignent toute la troupe et font irruption dans la chambre du roi. Résolu à passer par les grands moyens, il ne paraît pas troublé et s'intéresse à l'usage de chaque instrument.

On place le roi sur le bord du lit avec un traversin sous les reins, face à la fenêtre, les cuisses écartées et soutenues par deux apothicaires, le corps offert aux fers du chirurgien, à la merci de la moindre bavure. Le bistouri à la Royale fait merveille, l'opération est un succès. Le roi la supporte sans broncher, ne laissant échapper que deux soupirs ponctués de « Mon Dieu ». Louis ne marque aucune pitié pour son corps, pas plus qu'il n'en montre à son entourage. Tout signe de compassion pour la faiblesse du corps malade serait une atteinte au prestige de la France.

A dix heures, petit coup de théâtre, les portes s'ouvrent sur le roi alité qui reçoit les premiers courtisans stupéfaits d'apprendre qu'il vient de subir la « grande opération » que nul n'avait osé affronter avant lui. Second coup de théâtre quand Louis fait informer la famille royale de son état tout en lui donnant l'ordre de ne pas paraître devant lui. Comme une traînée de poudre, la nouvelle de l'exploit se répand dans Versailles en émoi. Mais le rythme quotidien n'en est pas affecté. Sa Majesté tient Conseil au lit, reçoit ses ministres et les courtisans, « chante tout le jour dans son lit et est d'une gaieté surpre-

nante ». Il y eut même appartement et l'on joua au
réversi, jeu favori du roi. Deux jours plus tard, celui-ci
se lève et se fait faire la barbe. Le roi est si satisfait de
son sort qu'il anoblit Félix et déverse sur chaque
membre de l'équipe des flots de livres. Le succès de
l'opération en coûte à la France pas loin d'un million
et fait la fortune des chirurgiens qui opèrent à tour de
bras des soi-disant fistuleux qui se découvrent soudain la maladie du roi. La fistule devient la maladie à
la mode : il faut subir la grande opération. La cour fait
corps avec son roi, se veut aussi malade que lui.

La douleur du roi se dissipe dans le monde de
l'étiquette et du pouvoir. La détermination de vaincre,
de soumettre la nature est aussi tenace que la volonté
d'affirmer sa grandeur et de laisser à la postérité
l'image d'un roi que rien d'humain ne peut arrêter,
pas même la douleur. C'est toujours le souci de
paraître gaillard, le geste sûr et calculé, les mots
pesés, tout un appareillage de stoïcisme qui ira jusqu'à faire dire au roi, devant un public attentif : « On
croit mon mal plus grand quand on est loin ; et dès
que l'on me voit, l'on juge aisément que je ne souffre
guère. » Pour le roi-Narcisse, une heure de souffrance
vaut bien le plaisir d'être encensé le reste de sa vie.

Le récit de l'opération parut dans le Mercure galant
qui ne tarit pas d'éloges sur l'inébranlable fermeté du
roi. Le Prince Très-Chrétien est loué d'avoir patiem-
ment enduré son calvaire, méritant son titre de
lieutenant de Dieu sur terre, voulant « souffrir, afin
d'être plus en état de travailler sans cesse pour le bien
et pour le repos de ses sujets ». Ainsi la Reine des
abeilles ne se ménage-t-elle pas, cherchant seule à
endosser les souffrances et le travail de la ruche-état,
aimant mieux se « charger de toute la douleur que de
jouir du soulagement d'être plaint ». Loin de servir de
lieu de consolation, la chambre du roi, « puante,

renfermée et triste », devient le brillant centre de gravité de la cour. Comme elle fait face à l'est, le Roi-Soleil se lève avec le soleil, mais ne quitte guère son lit le reste de l'année. Tel un tabernacle, le lit de Sa Majesté tient du sacré, sert d'objet de vénération devant lequel on s'incline en passant.

Fin décembre 1686, Louvois annonce prématurément la complète guérison du roi, nouvelle qui suscite beaucoup d'émotion parmi les admirateurs de Louis. Les premiers jours après l'opération s'étaient en effet fort bien passés, mais la cicatrisation s'est faite trop vite et, vingt et un jours plus tard, il fallut inciser pour mettre à nu le fond de la fistule et attaquer aux ciseaux les callosités qui s'y formaient. Moments des plus douloureux qui enfin mettent le roi au supplice, au point qu'il ajourne ses Conseils, ce qui n'était pas arrivé auparavant. Ce n'est que cinquante-six jours après l'opération que le roi se sent assez guéri pour sortir à pied et se promener dans l'Orangerie. A la fin janvier 1687, la guérison royale est fêtée à l'Hôtel de Ville de Paris par un festin de cent cinquante-cinq couverts présidé par Sa Majesté, où plus de deux cents plats furent présentés au son des violons. Le spectacle du roi faisant bonne chère deux mois après son opération est difficilement imaginable, mais l'occasion était belle pour l'illustre convalescent d'affirmer aux yeux de l'Europe que rien n'avait changé dans sa façon de vivre.

Il n'en reste pas moins que, dans l'ensemble, le roi ne quitte guère ses appartements durant cette éprouvante année 1686. Quand il sort, son champ de déplacement est limité à Versailles et à Marly où il se promène en calèche, la goutte et la fistule l'empêchant de monter à cheval. Seule entorse à cette réclusion, le séjour à Fontainebleau avant l'opération. Louis devient casanier. Il est vrai qu'il n'a jamais été un grand voyageur, ne quittant guère son territoire, même pour faire la guerre. Mais, les années passant, son périmètre vivable se rétrécira de plus en plus autour de lui.

En réalité, quand le roi s'était installé définitivement à Versailles en 1682, son rythme de vie avait déjà changé. La goutte s'ajoutant aux étourdissements et aux orages digestifs, le corps du roi s'était installé dans sa routine de maux et son humeur n'en était devenue que plus colérique. En 1681, la mort de Mademoiselle de Fontanges avait mis fin à ses frasques amoureuses, le règne de Madame de Montespan était révolu, Versailles n'était plus le refuge des amours mais une forteresse abritant un roi podagre entouré de sa cour qui s'ennuyait à suivre les mouvements d'humeur du monarque. A quarante-quatre ans, Louis se sent déjà pris d'une grande lassitude, il ne court plus les femmes, trouve un refuge dans la constance de Madame de Maintenon, et compense ses manques amoureux en mettant les bouchées doubles. Plus il mange, plus il mène une politique à outrance, provoquant l'Europe entière : Vauban hérisse la France d'une ceinture de trois cents forteresses, Louvois fait creuser des tranchées par des paysans qui travaillent gratuitement et crèvent sous la tâche. En 1683, les répressions militaires et les exécutions sévissent dans le Midi. En 1684, le roi se met à dos l'Europe en se lançant dans de nouvelles agressions : le bombardement de Gênes, l'humiliation de son doge obligé de venir faire ses excuses à Versailles, l'interdiction faite au duc de Savoie de sortir de son territoire, la menace d'occuper le Palatinat. Honni de tous les princes protestants et au plus mal avec le pape, le roi s'enferre dans son absolutisme versaillais où trente-six mille ouvriers et soldats s'exténuent à travailler pour sa gloire. En octobre 1685, l'édit de Nantes est révoqué, alors que le roi couvre déjà l'abcès qui dégénérera en une fistule. Du coup les proscriptions sanglantes augmenteront avec la progression de son mal.

Après l'arrachage des dents en 1685 et la grande opération de 1686, le corps du roi outragé, torturé, écartelé par le fer des chirurgiens ne se remettra jamais totalement de ces sévices. Son humeur belliqueuse non plus d'ailleurs. Sans allié, devant faire face au pape, à l'empereur d'Autriche et aux États protestants, le roi multiplie les provocations, son insolence n'a plus de bornes. La statue équestre du roi, piétinant les nations vaincues et foulant aux pieds l'hérésie protestante, n'était-elle pas un défi à l'Europe ? L'illustre malade signe des ordres insensés, livrant les protestants à la férocité de Louvois qui, l'année de la fistule, gouverne pendant que le roi passe ses journées au lit. Deux cent cinquante mille huguenots s'exilent, ils fourniront les cadres de l'armée adverse. On se rue sur les biens des émigrés, mais l'argent fuit par toutes les frontières en attendant qu'elles se referment. La France va devenir un cachot. Pendant ce temps-là, le roi dépense des millions à Marly, se ruine en loteries et en diamants pour plaire aux dames. Versailles est en pleine folie, pendant que Guillaume d'Orange, qui en a les moyens, s'arme jusqu'aux dents.

> « Cette gloire, qui endurcit votre cœur, vous est plus chère que la justice, que votre propre repos, que la conservation de vos peuples qui périssent tous les jours des maladies causées par la famine, enfin que votre salut éternel, incompatible avec cette idole de gloire. »

Fénelon dénonce le besoin de gloire qui endurcit le

roi, mais il y avait aussi le désabusement devant son corps qui ne réagit plus suivant ses désirs. Cacher ses maux est incompatible avec l'idée de gloire.

La chambre du roi, et plus tard celle de Madame de Maintenon, deviendront les cellules d'où sortiront toutes les décisions royales. Le rôle de la chambre sera accentué après la mort de Louvois en 1691, quand le roi gouvernera seul, houspillé par ses maux, vivant dans un entourage clos de courtisans obséquieux. En 1688, Versailles a atteint son envergure finale : jardins et corps de bâtiments ont plus ou moins leur configuration définitive. Et pourtant, le palais enchanteur du début du règne a perdu son âme créatrice, en même temps que disparaissait le florilège d'artistes, d'écrivains et de musiciens qui avaient contribué à la grandeur du siècle de Louis XIV. En 1690, le grand siècle est déjà agonisant. Les controverses et les pamphlets nous le rappellent. Dans les dernières années 80, le corps du roi est la vivante réplique de l'état du royaume : anémie, guerres d'usure, épuisement du peuple. Michelet écrira que Louis, à quarante-sept ans, avait l'allure de : « [...] l'homme de bois qu'a peint Rigaud au solennel portrait du Louvre. Plus de dents. La bouche rentrée, tirée par un coin sec, ne s'accorde que trop avec un œil triste et aigu, plein de pointes et de petitesses. »

Le roi croit-il encore à son infaillibilité ? A la protection divine ? Sent-il que son étoile pâlit à mesure que son corps le trahit ? Les héros sont faits de chair et de sang, et du corps de Louis n'émanent pas que des effluves suaves ; déjà Madame de Montespan lui reprochait, dans ses accès de fureur, qu'il sentait mauvais. « Il faut périr en symétrie », reconnaît-elle, mais c'est une symétrie qui, même durant son déclin, reste faite de contrastes : le faste et le luxe se mêlent à la puanteur et à la saleté des appartements de Versailles. En effet, qu'importe la décrépitude pourvu qu'on ait l'illusion d'un décor brillant. Telle est l'attitude du roi devant son corps. Il cache son déclin sous la perruque léonine, le costume à ramages et les rubans. La façade ne doit pas trahir les dessous. Et pourtant, malgré tous ces artifices, son corps, qui demeure un mystère ennemi pour lui et pour la Faculté, ne cesse de rappeler au roi sa faiblesse.

CHAPITRE IX

LE CORPS DEVANT LA MORT

« Aussitôt son trépassement
On l'ouvrit d'un grand ferrement,
On ne lui trouva point d'entraille,
Son cœur était pierre de taille,
Son esprit était très gâté,
Et tout le reste gangrené. »

CLAIRAMBAULT, chansonnier

Il est regrettable que Fagon ne nous ait rien laissé de ces quatre dernières années de la vie du roi. On ne peut se fier aux récits du débonnaire Dangeau, ni à ceux de Saint-Simon, « courtisans décidant avec autant de témérité que d'ignorance sur les choses les plus importantes de la médecine », écrit Fagon qui ne supportait pas les attaques de la cour, ni les critiques de ses échecs. Les dernières années furent dures pour le médecin et le roi. Celui-ci était tombé dans un état de mélancolie augmentée par une suite de chagrins. Le dauphin, son fils unique, meurt en avril 1711 de la petite vérole, dans une telle infection et pourriture qu'on fut obligé de conduire son corps à Saint-Denis sans aucune cérémonie. L'année suivante, son petit-fils, le duc de Bourgogne, et sa femme sont emportés en moins d'une semaine par une rougeole pernicieuse.

Trois semaines plus tard, son arrière-petit-fils, le duc de Bretagne, les suit au tombeau. En 1714, c'est le tour d'un autre de ses petits-fils, le duc de Berry, qui meurt des suites d'une chute de cheval. En moins de trois ans, Louis voit sa progéniture légitime disparaître, sauf son arrière-petit-fils que sa gouvernante sut éloigner à temps de la promiscuité de la cour, véritable bouillon de culture pestilentielle qui n'épargnait que ceux qui avaient beaucoup de résistance naturelle.

Mal conseillé par les descendants et alliés de ses anciens ministres, Louis poursuit sa politique agressive, aveugle aux facteurs économiques, obstiné à n'accepter aucune nouveauté, toujours soucieux de son cérémonial autant que de la conservation de ses idées figées. La France ne respire pas l'air de la liberté, elle est à l'image de son roi sclérosé et momifié à Versailles qui n'est plus que le mausolée de son absolutisme. Les chagrins familiaux, l'orgueil blessé du roi qui voit son soleil décliner, la machine politique qu'il est seul à mener depuis la mort de Louvois en 1691, sont un lourd fardeau pour un corps amaigri, livré aux maux de la vieillesse mal acceptée : « Monsieur le Maréchal, on n'est pas heureux à notre âge », dit-il à Villeroy.

Louis avait la larme facile, mais son apitoiement n'allait pas au-delà des larmes qu'il versait lors de la mort de ses enfants. Depuis 1711, où commença l'hécatombe de ses descendants, les occasions de s'affliger ne manquaient pas, mais aucune de ces morts ne dérangea le déroulement habituel de la vie de la cour dont l'ordre et le rythme n'étaient pas affectés. La mort de ses maîtresses laisse le roi de marbre, elles sont déjà mortes pour lui le jour où leurs amours ont cessé. L'insensibilité du monarque devant la mort des autres est le refus de faire face à l'horreur de sa propre mort. Le côté lugubre du deuil lui est intolérable et son aversion est évidente pour les obsèques : il n'y assiste pas. Dès qu'il y a mort princière à Versailles, c'est le sauve-qui-peut devant le corps dépouille, car il inspire l'horreur et la peur au roi, d'autant plus que les gens disparaissent souvent de mort inexplicable. Ceux qui mouraient de la petite vérole, et dont le corps commençait à se putréfier vivant, étaient vite délaissés dans l'agonie, car on pensait que l'air charriait les miasmes de la contagion. La décomposition du corps entraînait une débandade générale, dont le branle-bas était donné par le roi lui-même. L'étiquette voulait d'ailleurs que le roi ne soit pas en présence de la mort. Alors que ses descendants agonisaient, le roi prenait le chemin de Marly où il se réfugiait, non pas pour s'imposer une quarantaine, puisqu'il avait été immunisé contre les maladies infectieuses dans sa jeunesse, mais plutôt pour échapper au rappel de la fatalité. Toute maladie perturbe la vie de la cour, parce que le corps absent ne peut remplir ses fonctions, mais la mort risque d'arrêter pour de bon le fonctionnement de la machine royale. Pour se dérober à cette hantise, le roi et sa cour jouent à l'insensibilité devant la mort : deux jours après le décès du grand dauphin, on vend ses bijoux à la loterie et tout le monde s'en amuse. Le lendemain de la mort de Monsieur, le roi chantonne les prologues d'opéra qui chantent ses propres louanges. Saint-Simon note : « Après avoir donné un bref tribut à la perte de sa femme, il reprit aussitôt son air serein. Au moment de la mort de sa favorite, de ses enfants naturels, des ministres, on n'a pu constater qu'il fût sorti de son habituelle et noble indifférence. »

Louis est cependant au bout du rouleau. L'image du vieux monarque de soixante-quinze ans, incrusté dans son bastion, ne ressemble plus à celle que nous a laissée Primi Visconti quelques années auparavant, image du roi altier se promenant dans ses jardins, entouré « d'une multitude de gens tous en confusion, courant avec bruit autour de lui. Cela me rappelle la reine des abeilles, quand elle sort dans les champs avec son essaim ». La reine des abeilles est si détachée de tout qu'elle ne songe plus guère à prendre part aux activités de la cour, à moins d'y être forcée. L'esprit n'y est plus et le corps encore moins. La santé du vieux despote peut encore étonner l'Europe et contrarier certains courtisans, mais si le roi n'est pas encore grabataire, il ne sera plus jamais en bonne santé. Louis XIV avait parfaitement conscience de sa vieillesse, l'assumait mal mais était bien obligé de s'y résigner en silence. Il n'a plus de maladies graves, ne subit plus d'opérations, mais traîne son corps affaibli avec dégoût, essayant de cacher ses malaises avec l'aide de Madame de Maintenon, garde-malade assidue au chevet de son maître, toujours prête à confirmer sa santé qui enlève tout espoir aux courtisans qui préféreraient être délivrés d'un roi despote. « On ne s'accoutume point à la santé du roi ; c'est un miracle qui recommence tous les jours » dit Madame de Maintenon dans sa correspondance. Miracle, on peut le dire, à une époque où l'espérance de vie est basse. Mais de quoi pouvait mourir Louis qui était immunisé contre les trois grandes maladies mortelles de son temps, la variole, la rougeole et la scarlatine, puisqu'il les avait eues dans sa jeunesse ? D'une lente détérioration de la machine qui s'arrête de fonctionner, aussi tristement que la fin de son règne.

« Tout le monde se plaint d'ennui à la cour, le roi se tient là toute la journée et ne voit personne », écrit La Palatine. La cour est figée autour du corps du roi, dans l'attente de ses moindres déplacements qui se font le plus souvent dans sa chaise roulante. Il va à la tribune de la chapelle faire ses dévotions le matin, s'abandonnant à la piété qui remplace les amours d'antan. Il « sanctifie la France par une vie irréprochable après l'avoir purgé de ses vices et de ses erreurs », toujours suivi de la cour les yeux levés en extase sur son dieu, tant que celui-ci fait bonne figure. Les dîners en public s'écourtent. Le coup de fourchette est encore étonnant, entrecoupé par des phrases courtes que le roi jette aux courtisans affamés qui gardent la tête baissée et se serrent le plus possible pour boire ses paroles, mais le sens gustatif vieillit comme le reste.

Le roi évolue dans un espace qui se rétrécit à mesure que s'affaiblit son corps, centre de l'activité de la cour. Ses séjours à Marly sont plus fréquents, car c'est le seul lieu où son corps se délasse, Versailles ne lui offrant que la répétition des activités fatigantes en plein air : promenades dans le parc, visites à la ménagerie ou à la volerie, chasses en calèche quand sa santé le permet. Il devient somnolent et « on remarqua qu'il s'était endormi dans sa calèche en y allant, chose qui ne lui arrive jamais ». Il est frileux, alors que toute sa vie il s'est plaint d'avoir trop chaud. Le corps, vieillissant et habitué à sa routine, répète avec résignation les gestes quotidiens de l'étiquette, comme ceux que lui imposent les médecins. Il accepte sa purge mensuelle à la fin de la lune descendante, se fait saigner par pure précaution, alors qu'il refusait les saignées depuis des années. Il n'a plus la morgue de sa jeunesse qui pliait les médecins à sa volonté, ce sont eux qui prennent le dessus et manipulent le corps royal. Les chirurgiens assurent que « son sang marque une grande vigueur », mais il n'en est rien, le roi se sent « s'anéantir ».

A partir de 1709, la gravelle s'ajoute à ses maux quotidiens. Il sent souvent des envies pressantes d'uriner sans y parvenir. Bien qu'il n'ait pas, à

proprement parler, de coliques néphrétiques, le roi a
des picotements et des brûlures au col de la vessie qui
dégorge des « pelotons de sable » que Fagon écrase
entre ses doigts pour en vérifier la consistance. Les
grains de sable deviennent vite des graviers qu'il
rejette plusieurs fois par jour dans de l'urine troublée
de rouge. Fagon décide de lui faire boire plus d'eau
alcaline et de réduire le sel, rare initiative sensée de sa
part, mais un peu tardive.

De 1711 à 1715, la vie de Louis XIV est une
répétition quotidienne des malaises qu'il avait traînés
toute sa vie, sans qu'une seule fois ses médecins en
soient venus à bout : les vertiges depuis 1662, la
goutte à partir de 1682, la gravelle en 1709, les fièvres
continues dès 1686, sans compter les dévoiements qui
prennent des proportions inouïes avec l'âge, entrete-
nus par l'obsession anale de Fagon qui soigne le
moindre mal par des purges, dont il se complaît à
compter les maelströms qui affaiblissent le corps du
roi.

Trop vieux, mal entouré et soigné, le roi se résigne
devant la Faculté comme il se résout à chercher la
paix. En 1713, le traité d'Utrecht mène à la dissolution
de la dernière coalition. Après une succession de
défaites, malgré la sauvegarde des frontières françaises, la France, à bout de souffle, voit son empire
d'Amérique se démanteler au profit de l'Angleterre
qui est la grande bénéficiaire du traité. Comme son
roi, c'est tout le corps du royaume qui tombe dans la
stagnation. Affaiblie par la dépression économique et
démographique, la lassitude de ses sujets, la famine et
les révoltes du peuple, la dette publique de deux
milliards et demi or, « la France n'est plus qu'un
grand hôpital dévasté et sans provision », écrivait
déjà Fénelon en 1695.

Parmi tous les portraits du roi, c'est le profil de cire

exécuté par Benoist en 1706 qui rend le mieux l'image du roi vers la fin de sa vie. Masque effrayant de réalisme. Pas d'imposante grandeur dans cette effigie de cire coloriée qui représente le profil droit du roi à l'âge de soixante-huit ans. L'œil est en émail blanc et encore noir luisant comme les « yeux de renard » notés par Visconti. Le haut du buste est vêtu d'un col de velours rouge d'où s'échappe un bouillonné de taffetas et de dentelle blanche. L'énorme perruque de cheveux gris tombe sur les épaules en cascades de boucles et de frisures. L'arcature des sourcils est clairement peinte en noir. La transparence de la cire jaune rend l'impression de la peau malsaine et mal irriguée du monarque en pleine déchéance physique. La lèvre supérieure rentrée laisse deviner la bouche édentée. Seuls, le menton volontaire et le nez long et mince aux fines narines donnent l'illusion du Jupiter olympien. Benoist pousse le réalisme jusqu'à reproduire les paupières tombantes plantées de cils, le menton et les joues mal rasés, et les marques de la petite vérole.

Cette image de la décrépitude du visage momifié du roi sent déjà la mort. Elle a les relents malsains des effigies de cire du musée Grévin. Louis, dépouillé de ses atours, est loin de suggérer l'idée de dignité royale du Roi-Soleil. L'image de cire est plus proche de l'image de l'homme pituiteux, assailli de maladies et de malaises, que nous décrit Fagon les dernières années de son règne. Le portrait du roi sur le déclin, confit dans l'austérité et l'ennui, sentant la relique et la robe couleur feuille morte de Madame de Maintenon, nous restitue l'homme dans toute la misère physique, et non plus l'image du demi-dieu grave et solennel figuré par un des peintres courtisans. Masque douloureux du visage charismatique altéré, plus réel et évocateur que l'image du Roi-Soleil jetant ses derniers feux sur les ambassadeurs de Perse, dans l'ultime magnificence de son habit noir et or brodé de diamants d'une valeur de treize millions. « La santé du roi diminue à vue d'œil », écrit Saint-Simon en 1715. En fait, il y avait longtemps que la santé du roi déclinait. Son proche entourage le remarquait mais n'osait en dire mot. Mareschal, le premier chirurgien, est le seul à marquer quelque attention au corps du roi dont il signale les fièvres continues à Madame de Maintenon qui fait la sourde oreille. Miné par la fièvre continue et le diabète, le corps du roi, décharné et bedonnant, devient objet de curiosité. Même son appétit qui faisait l'étonnement de tous est réduit aux portions congrues. En juin, les paris sont ouverts en Angleterre sur sa mort prochaine. Conscient de son rôle à tenir, le roi essaie de faire bonne figure pour déjouer les paris. Il aurait même dit : « Si je continue de manger d'aussi bon appétit que je fais présentement, je ferai perdre quantité d'Anglais, qui ont fait de grosses gageures que je dois mourir le premier jour de septembre prochain. » Surprenante prédiction qui ne manquera pas de se réaliser !

C'est dans l'agréable solitude de Marly que le roi est attaqué par sa dernière maladie. Il avait décidé d'y passer deux mois, loin des affaires de l'État et de l'étiquette trop rigide de Versailles qui est une contrainte constante pour son corps. Le palais de Marly, aussi singulier que plaisant, offrait au roi le délassement de la vie privée, où les personnes qu'il invitait étaient les seules admises et ne cherchaient qu'à se délasser dans un cadre enchanté de jardins, de fontaines et de douze pavillons placés sous les douze signes du zodiaque. Même s'il ne se déplace plus qu'en chaise roulante à cause de la goutte, le roi a plaisir à admirer ses statues de marbre nouvellement rapportées de Rome.

Le 10 août, le roi sent une douleur à la jambe gauche plus forte que n'importe quelle attaque de goutte. Il rentre de sa promenade boiteux, les traits ravagés par la douleur, le teint cireux, méconnaissable, et quitte son havre de paix pour regagner Versailles. Il dîne en public devant une nombreuse assistance qui voulait sans doute vérifier l'état de santé du roi, plus par curiosité malsaine que par zèle politique. Louis pensait-il qu'il serait mieux à Versailles au cas où il se sentirait plus mal, ou avait-il le pressentiment de sa mort ? Dans ce cas, il avait donc en tête de mourir à Versailles au milieu de son monde.

A partir du 11 août, le corps décline rapidement. Il était si maigre, écrit La Palatine, « qu'il ressemblait à un éclat de bois ». Les médecins s'inquiètent et font venir la Faculté, chacun s'empresse de faire sa cour et de se réjouir faussement au moindre signe d'amélioration. La machine continue à fonctionner péniblement, pour maintenir un semblant de vie de cour réduite aux rares apparitions en public qui édifient encore les courtisans. Le roi se fait porter à la tribune de la chapelle jusqu'au 15 août où il cessera d'y paraître. Le visage pâle et abattu, il dîne en public jusqu'au 14, mais l'appétit pantagruélique a fait place à un immense dégoût et les séances à table sont courtes, plus pour la forme que pour le spectacle. Le 13 août, le roi fait sa dernière apparition fastueuse en public pour recevoir l'ambassade de Perse, dans un miroitement d'or et de cristal. C'est le chant du cygne du corps décrépit qui n'inspire plus que de la pitié respectueuse.

Les nuits sont longues et pénibles, les insomnies effrayantes tiennent le roi éveillé, occupé à désaltérer une soif « d'une ardeur dévorante » qui l'oblige à boire continuellement, signe que le diabète altère le corps sénile. Ainsi selon Buvat : « Il avait la langue extrêmement sèche et le feu du dedans était si grand que plus il buvait plus il semblait l'embraser. » La douleur dans la jambe gauche, déjà marquée par la gangrène, est telle qu'il ne peut plus se tenir debout et s'alite. La souffrance constante ne lui donne plus de répit et la fièvre mine le peu de force qui lui reste, mais Louis ne perd pas l'espoir de guérir : « Eh bien Messieurs, comment me trouvez-vous ? Qu'allez-vous me faire ? » Les médecins délibèrent, mais personne n'est dupe. La pourriture s'est installée dans la jambe, ni les frictions de linge chaud ni les boissons d'eau rougie et de lait d'ânesse n'empêchent la gangrène de ronger le corps.

Toute nourriture lui est devenue insupportable, sauf la panade et la gelée qu'il avale machinalement. Comme il ne sort plus de sa chambre et qu'il faut bien continuer le mécanisme des appartements du roi, les officiers de la bouche et du gobelet, les valets de pharmacie couchent dans l'antichambre. La cour se tient dans la galerie, les ministres et les secrétaires dans les cabinets, dans une longue attente qui durera quinze jours. Les princes de sang sont rarement admis dans la chambre du roi dont le corps n'est plus que douleur. L'irrigation se fait mal, d'où cette douleur dans tous les muscles qui rend chaque mouvement éreintant. Sous l'effet des sueurs abondantes qui arrivent à traverser les matelas, le corps se déshydrate, devient incontinent. Maintenir l'étiquette est un tour de force. La fatigue rend toute station assise intolérable. Toujours selon Buvat : « Il fallut pour en venir à bout le prendre par toutes les parties du corps pour le mettre dans son siège. » Le remettre dans son lit est une opération tout aussi délicate. La soif ardente, la douleur aiguë par tout le corps, les sueurs extraordinaires et l'agitation continuelle mettent le roi à l'agonie. Il ne sait quelle position prendre, son mal est incurable et les médecins le jugent trop faible pour avoir la force « de rejeter l'humeur en dehors ». Ils se sont déjà désintéressés de son sort, sachant qu'ils n'ont plus rien à craindre de la volonté d'un roi désabusé : « Je n'ai jamais ressenti de si vives douleurs, aurait dit le roi, mais ma plus grande peine est de voir que ni les médecins ni les chirurgiens n'ont pu encore trouver le moyen de me soulager un seul jour. »

Dépassé par les événements, Fagon fait appel à la Faculté qui préconise de frictionner et de baigner la jambe dans une bassine pleine de vin de Bourgogne et d'herbes aromatiques. L'odeur douceâtre, mêlée à celle de la jambe infectée, monte à la tête du roi et le fait tomber en faiblesse. Pourtant Louis a encore l'espoir de s'en tirer. Il est prêt à se faire amputer la jambe, décision vite mise de côté par la Faculté qui ne se fait plus d'illusion. Jusqu'au 24 août, claquemuré dans sa chambre, le roi maintient un semblant d'étiquette. Dans un dernier effort de maîtriser le corps, pour remplir jusqu'au dernier moment son office et garder la face, il continue à se faire raser tous les trois jours par souci de propreté, porte sa perruque courte pour recevoir au lit. Mais il ne soupe plus en public, refuse de voir quiconque, n'acceptant que la présence de Madame de Maintenon. Il écoute la messe au lit, dîne dans sa chambre, la jambe posée sur un tabouret. Il a cessé de s'habiller et ne mange plus que du gruau, de la panade et de la gelée comme un enfant, boit du lait d'ânesse, des tisanes à la sauge et une grande quantité d'eau pour étancher sa soif insatiable. Retranché du monde, le roi attend la mort au son des hautbois. La musique, qui est son seul plaisir, s'arrêtera de jouer le 25, jour de la fête de Saint-Louis et tournant décisif dans la maladie du roi. Le roi fait ses adieux à la cour, il a déjà cessé de régner et passe le flambeau à son arrière-petit-fils.

Le même jour, le roi est pris de vertiges si forts que Fagon fait rassembler, une fois de plus, la Faculté qui constate que la jambe est totalement gangrenée jusqu'au genou et que la cuisse noircit. On essaye de faire circuler le sang en appliquant des linges chauds imbibés de camphre. Mais quel remède pourrait ranimer une jambe pourrie que le roi ne sent plus ? Les médecins scarifient la chair mortifiée, incisent la jambe morte jusqu'au vif, dans le but de la faire suppurer. Mais les chirurgiens savent que la gangrène a déjà gagné la cuisse et que le mal aura le dessus. Voici le récit de Buvat :

« Le Roi, étant revenu d'une espèce d'agonie, souffrait beaucoup et ne pouvait s'empêcher de le témoigner ; le sang s'étant corrompu dans les veines, la gangrène se mit dans une jambe et gagna la cuisse droite, qu'il fallut ouvrir en coupant toutes les chairs pourries. M. Fagon et autres médecins croyaient d'abord que c'était une goutte sciatique qui causait les douleurs que le Roi sentait dans cette partie. Enfin, M. Maréchal, premier chirurgien, après avoir enfoncé deux fois sa lancette dans la jambe, et le Roi n'en ayant rien senti, il enfonça plus avant sa lancette, ce qui fit crier le Roi, et en fit sortir quantité d'eau rousse et puante qui fit juger que la partie était gangrenée, et fit déterminer cet habile chirurgien à retrancher les chairs vicieuses. »

La rumeur court que le monarque est à la dernière extrémité, mais personne n'ose parler des derniers sacrements, pas même le roi qui espère toujours quelque miracle et attend le dernier moment pour demander le Saint-Sacrement. Dès que la nouvelle se répand, la foule des curieux, qui avait été attirée au début de la maladie du roi, remplit la cour du château de Versailles, se presse aux portes des appartements pour être informée. Les empiriques défilent, offrant des élixirs de vie qui donnent l'illusion d'une heure de bien-être. Louis a oublié les grandeurs de ce monde qu'il s'était plu à maîtriser. N'ayant accepté de grandeur que celle de sa propre image, son corps malade et usé n'est plus le réceptacle de ses vertus immortelles, mais simple objet de curiosité. Seule, la maladie lui rappelle qu'il est un homme et qu'il doit penser à mourir. Avec son sens de l'ordre et du détail habituel, il brûle avec Madame de Maintenon ses papiers et ses lettres, et va jusqu'à régler ses propres funérailles.

Le 30 et le 31, les appartements du château sont fermés, impénétrables. La cour désabusée déserte la chambre royale, lassée de veiller ce roi qui n'en finit pas de mourir. Elle fuit le corps malade qui n'est plus que l'enveloppe charnelle, pourrissante du monarque dont on attend d'être délivré. Elle abandonne le roi à ses valets de chambre, aux médecins qui font acte de présence et à son confesseur. Madame de Maintenon a regagné Saint-Cyr, le laissant souffrir l'agonie lente de la bête longue à crever. Le 30 août, les médecins enlèvent les pansements de la cuisse et de la jambe, pour trouver que « la jambe était aussi pourrie que s'il y avait six mois qu'il fût mort ». Après une nuit de souffrance et de syncopes, Louis perd tout usage de ses sens et tombe dans un assoupissement léthargique : il faut lui ouvrir la bouche et lui tenir les mains pour le faire boire au biberon. Presque à l'agonie, le corps est considéré comme mort et dès lors délaissé par ses proches. Louis, qui ne fut jamais présent à aucun des décès des princes de sa famille, subit le même traitement à la veille de sa propre mort.

Le 1ᵉʳ septembre 1715, après soixante-douze ans

trois mois et dix-huit jours de règne, le corps épuisé et
décharné, rongé par la gangrène sénile, Louis XIV
rend l'âme sans aucune résistance, entre « quelques
petits soupirs et deux hoquets, sans aucune agitation
ni convulsion ».

Le corps devenu dépouille est tiré de son lit par le
maréchal de Villeroy et deux valets qui l'habillent et
le remettent sur son séant pour la dernière parade. Ils
essayent de donner une apparence royale à ce corps
qui était, avant de rendre le dernier soupir, « tout
pourri, il avait déjà tout le corps, de la ceinture en bas,
embaumé, quoique le haut fût vivant, à cause de
l'insupportable puanteur qui en sortait ; et lorsqu'il
expira, on voulut lui mettre un crucifix entre les
mains dont la chair s'en allait toute en pourriture ».
Le corps, reposant sur son lit, est présenté aux
courtisans et au peuple qui viennent rendre leur
dernier hommage à une dépouille qui avait perdu sa
gloire et sa majesté.

La mort de Louis XIV n'a rien de celle « d'un
véritable héros et d'un héros-roi », comme l'a noté
Dangeau. Les héros meurent-ils dans leur lit ? Louis a
rendu l'âme dans son lit, sans aucun effort, comme
une bougie qui s'éteint, entouré de ses valets de
chambre qui lui fermèrent les yeux et furent les seuls à
le regretter. Il n'y a rien d'héroïque dans la mort d'un
vieillard ordinaire à l'agonie, rongé par la gangrène
sénile, écoutant une voix qui lui murmure : « Dans le
temps que j'étais roi. » La mort est le dernier acte
qu'il joue qui ne soit pas exécuté en public et régi par
l'étiquette. Or, le corps est déjà dépouille depuis
quarante-huit heures, il est oublié, le dernier souffle
rendu. Le Roi est mort, Vive le Roi.

Vingt-quatre heures après sa mort, le corps du feu
roi est porté par les officiers de la chambre dans
l'antichambre et posé sur une table pour qu'on fasse

l'ouverture. Dernier outrage que le corps subit en présence des premiers gentilshommes de la cour et de toute la Faculté. Ce spectacle barbare et effrayant, qui n'était pas justifié du point de vue scientifique dans un siècle d'obscurantisme médical, était pratiqué dans l'espoir de trouver dans les viscères des traces de poison, obsession et excuse espérée pour couvrir l'incompétence des médecins.

Saint-Simon accusa Fagon d'avoir noyé l'estomac du roi par son régime de fruits pourris et de fruits à la glace, dont le roi ne se rassasiait pas. Un tel régime lui aurait « tourné son sang en gangrène ». D'après le compte rendu de l'autopsie de Louis XIV rapporté par Saint-Simon : « Le roi avait toutes les parties si entières et si saines, et tout si parfaitement conformé, qu'on jugea qu'il aurait vécu plus d'un siècle sans les fautes qui lui mirent la gangrène dans le sang. »

Le procès-verbal de l'ouverture du corps semble plus objectif : « On a trouvé l'extérieur du côté gauche gangrené depuis l'extrémité du pied jusqu'au haut de la tête, l'épiderme se levant de tous côtés, moins le droit que le gauche, le ventre extrêmement tendu, très bouffi, les intestins bien altérés avec inflammation surtout ceux du côté gauche, le gros intestin d'une dilatation extraordinaire. Les reins étant assez ordinaires et naturels, mais dans le gauche s'était trouvée une petite pierre comme le Roy en avait jeté plusieurs fois sans douleur étant en santé. Le foie, la rate, et l'estomac étaient dans l'état naturel, tant dans les extrémités que l'intérieur, les poumons, ainsi que la poitrine dans l'état naturel, le cœur très beau, d'une grosseur ordinaire ; l'extrémité des vaisseaux devenue osseuse ; tous les muscles de la gorge tous gangrenés à l'ouverture de la tête... »

Une fois la dépouille dépecée, disséquée, décapitée, la tête sciée en deux, les différentes parties furent, comme de coutume, séparées : les entrailles furent déposées dans une urne à Notre-Dame de Paris, le cœur enchâssé dans un reliquaire à l'église Saint-Antoine. Pendant la Révolution, le peintre Saint-Martin broya la moitié du cœur avec de l'huile pour en faire un glacis dont il vernissait ses toiles. L'autre moitié fut rendue à Louis XVIII en échange d'une tabatière en or. Ce qui restait du corps fut embaumé et mis dans un cercueil de plomb soudé, puis enfermé dans un autre cercueil de chêne cerclé de cuivre sur lequel était gravé : « C'était le corps du Très Haut et Puissant Prince Louis XIV surnommé du nom de Grand. »

Le 9 septembre, le cortège funèbre quitta Versailles à 8 heures du soir en direction de Saint-Denis, où il n'arriva qu'à 7 heures le lendemain. La longue marche lugubre du Roi-Soleil se fit de nuit, sous les braille-ments du peuple enfin délivré du demi-dieu qu'on croyait quasi immortel. Avec lui, un siècle venait de s'éteindre. Mort, écrit Pierre Goubert, le roi « devient une espèce de mannequin symbolique, que chacun prétend annexer en l'habillant des oripeaux de son choix ». Dans l'Histoire, le grand malade rayonne toujours sur son siècle.

BIBLIOGRAPHIE

Journal de la santé du roi Louis XIV, Éd. Le Roi, A. Durand, 1862.

Journal des Anthoine, Éd. Drumont, 1880.

Apostolidès, Jean-Marie, *Le Roi-machine*, Minuit, 1981.

Ariès, Philippe, *L'Homme devant la mort*, Seuil, 1977.

Bertrand, Louis, *Louis XIV*, Flammarion, 1924.

Boileau, Nicolas, *Œuvres complètes*, Bibl. de la Pléiade, 1966.

Bourgeois, Émile, *Le Grand Siècle de Louis XIV*, Hachette, 1896.

Bloch, Marc, *Les Rois thaumaturges*, Strasbourg, Istra, 1924.

Bluche, François, *La Vie quotidienne au temps de Louis XIV*, Hachette, 1980.

Bussy-Rabutin, Roger de Rabutin, comte de Bussy, *Mémoires...*, Charpentier, 1857.

Buvat, Jean, *Journal de la maladie et de la mort de Louis XIV*, Journal de la Régence, Plon, 1865.

Cabanès, Augustin, Dr., *Légendes et curiosités de l'Histoire*, Albin Michel, 1952.

Choisy, François Timoléon, abbé de, *Mémoires pour servir l'histoire de Louis XIV*, Mercure de France, 1966.

Chroniques de l'Œil-de-Bœuf des petits appartements de la

cour... par Madame la comtesse Douairière de B..., Stanké, 1978.

Dangeau, Philippe de Courcillon, marquis de, *Journal*, Éd. Soulié et Dussieux, Paris, Didot, 1854.

Daremberg, Charles, *La Médecine*, Paris, Lib. académique, 1865.

Dégueret, Émile, Dr., *Histoire médicale du Grand Roi*, Marcel Vigné, 1924.

Dionis, Pierre, *Cours d'opérations de Chirurgie*, Paris, 1650-1701.

Duclos, Charles Pinot, *Mémoires secrets sur le règne de Louis XIV*, Slatkine, 1968.

Erlanger, Philippe, *Louis XIV*, Fayard, 1965.

Félibien, André, sieur des Avaux et de Javency, *Les Divertissements de Versailles*, Paris, 1674.

Fénelon, François de Salignac de la Motte, *Lettre à Louis XIV*, Didot, 1846.

Feuillet de Conches, Félix Sébastien, *Causeries d'un curieux*, Plon, 1874.

Franklin, Alfred, *La Vie privée d'autrefois*, Plon, 1891.

Garrison, Janine, *L'Édit de Nantes*, Seuil, 1985.

Goubert, Pierre, *Louis XIV et vingt millions de Français*, Fayard, 1966.

— *100 000 provinciaux au XVIIᵉ siècle*, Flammarion, 1968.

Kantorowickz, E. K., *The king's two bodies, a study of Mediaeval theology*, Princeton, 1957.

Laporte, Pierre de, *Mémoires*, 1866.

Lefèvre de Fontenay, *Journal historique de la dernière maladie de Louis XIV*, Mémoires de Trévoux, 1715-1716.

Le Magnet, Paul, *Le Monde médical parisien sous le Grand Roi*, Slatkine, 1971.

Lemery, Nicolas, *Pharmacopée universelle*, L. d'Houry, 1716.

Loret, Jean, *La Muse historique*, Jannet, 1857.

Louis XIV, *Mémoires*, Tallandier, 1978.

— *Manière de montrer des jardins de Versailles*, Wittmann-Plon, 1951.

Marin, Louis, *Le Portrait du Roi*, Minuit, 1981.

— *Le Corps glorieux du Roi* (La parole mangée), Méridiens. Klincksieck, 1986.

Michelet, Jules, *Louis XIV et La Révocation de l'Édit de Nantes*, Chamarot, 1860.

Millepierres, François, *La Vie quotidienne des médecins au temps de Molière*, Hachette, 1964.

Molière, Jean-Baptiste Poquelin, dit de, *Œuvres complètes*, Bibl. de la Pléiade, 1956.

Mongrédien, Georges, *La Vie privée de Louis XIV*, Hachette, 1938.

Montpensier, Anne Marie-Louise, duchesse d'Orléans, *Mémoires*, Petitot, Collection complète des mémoires relatifs à l'Histoire de France, 1836.

Néraudau, J. P., *L'Olympe du Roi-Soleil*, Les Belles Lettres, 1986.

Palatine, Elizabeth, Charlotte, duchesse d'Orléans, princesse de, *Correspondance complète*, Mercure de France, 1981.

Pélisson-Fontanier, Paul, *Lettres historiques*, Slatkine, 1971.

Primi Visconti, Jean-Baptiste, *Mémoires sur la Cour de Versailles*, Lemoine, 1908.

Raunié, Émile, *Recueil Clairambault-Maurepas-Chansonnier historique*, Paris, 1879.

Raynaud, Maurice, *Les Médecins au temps de Molière*, Didier, 1866.

Rentchnick, Pierre, *Les Malades qui font l'Histoire*, Plon, 1983.

Reichler, Claude, *La Jambe du Roi*, *L'Âge libertin*, Minuit, 1987.

Saint-Simon, Louis de Rouvoy, duc de, *Mémoires*, Bibl. de la Pléiade, 1953.

Sévigné, Marie de Rabutin Chantal, marquise de, *Correspondance*, Bibl. de la Pléiade, 1972.

Sourches, Louis-François, marquis de, *Mémoires secrets et inédits de la cour de France*, Paris, 1836.

Spanheim, Ezéchiel, *Relation de la cour de France en 1690*, Mercure de France, 1973.

Thackeray, W. M., *The Paris sketch book*, London, 1840.

Van der Cruysse, Dirk, *La Mort dans les Mémoires de Saint-Simon*, Agnizet, 1981.

Voltaire, François-Marie Arouet de, *Le Siècle de Louis XIV*, Bibl. de la Pléiade, 1957.

Wheaton, Barbara Ketcham, *Savoring in the past, The French kitchen and the table from 1300 to 1789*, University of Pennsylvania Press, 1983.

TABLE DES MATIÈRES

Achevé d'imprimer en décembre 1990
sur les presses de l'imprimerie Bussière
à Saint-Amand (Cher)

N° d'impression : 3575.
Dépôt légal : décembre 1990.

Imprimé en France